## 일러두기

- 초등학교 최신 교육 과정에 준하여 주제를 선정하였습니다.
- 각 학년 교과서를 철저히 분석하여 중요한 핵심 어휘만 뽑았습니다.
- 전 학년에서 배우거나 선행 학습한 단어는 해당 학년 수준에 알맞게 속뜻 풀이와 설명에 깊이를 더했습니다.
- 본 책에 제시한 한자의 뜻은 한자의 여러 가지 뜻 중 속뜻 풀이에 적합한 뜻을 택하였습니다.
- '한자, 꼬리에 꼬리를 물고'에 나오는 단어의 속뜻은 부록에 제시하였습니다.
- '과목별 찾아보기·가나다 찾아보기'는 가나다순으로 정리하였습니다.
- 띄어쓰기는 국립국어원의 어문 규정을 따랐습니다.

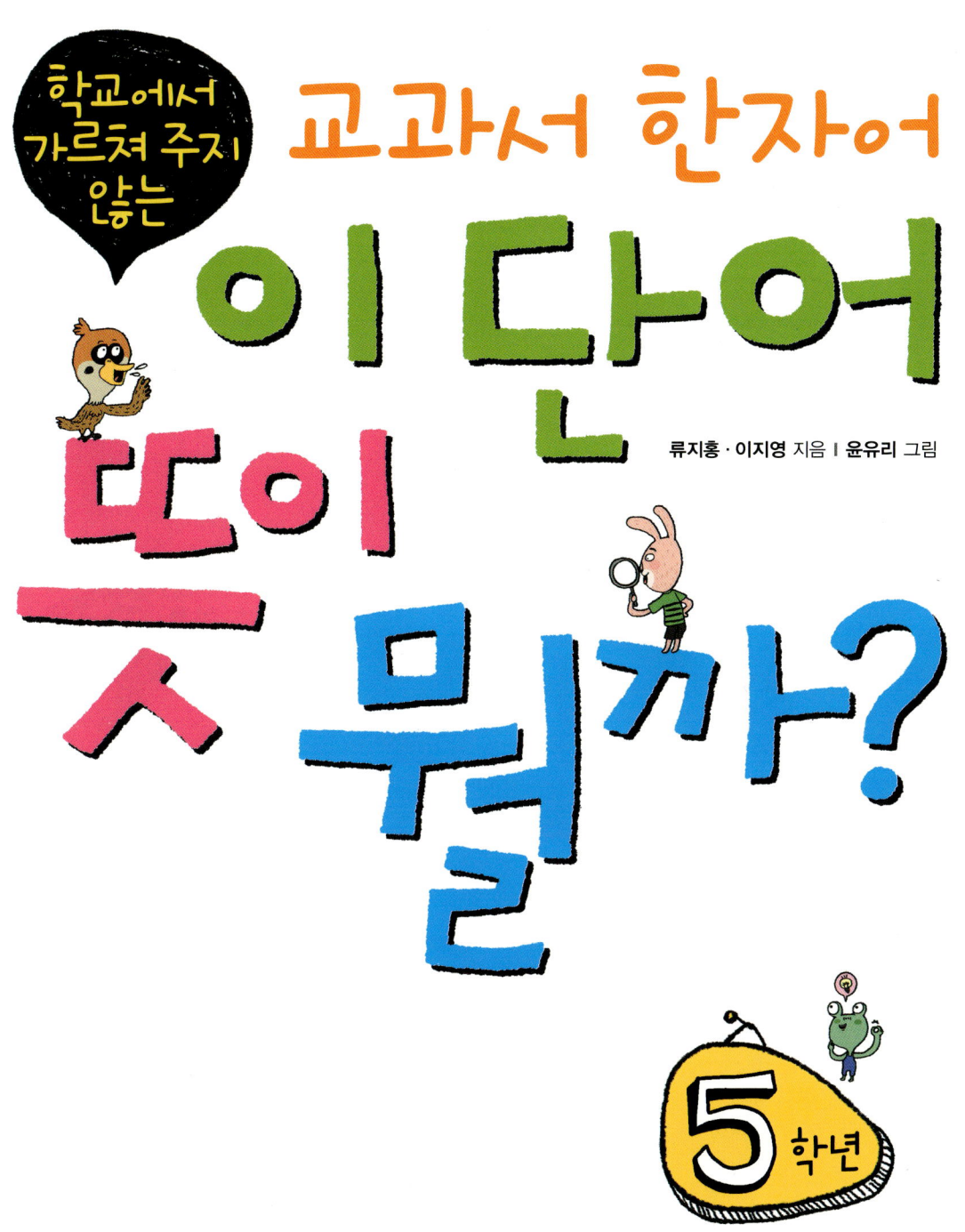

학교에서 가르쳐 주지 않는

교과서 한자어

이 단어
뜻이 뭘까?

류지홍·이지영 지음 | 윤유리 그림

5학년

다락원

# 이 책이 필요한 진짜 이유

"여러분! 8월 15일이 무슨 날일까요?"

"광복절이요."

"그런데, 선생님! 광복절이 무슨 뜻이에요?"

"호호호! 이 책에 그 답이 있단다."

### "5학년, 중요한 것은 어휘력"

수업을 하다 보면 아이들이 그저 교과서에 나오는 단어를 외우기에 급급한 모습을 종종 보지요. 하지만 단어의 뜻을 제대로 짚고 넘어가지 않으면 본격적으로 교과 공부를 시작하는 시점에서 수박 겉핥기식의 공부가 될 뿐입니다.

### "한자 공부는 그만, 속뜻 알기가 우선이다."

부족한 어휘력 때문에 많은 아이가 한자 공부를 하지요. 하지만 천자문만 달달 외운다고 어휘력이 늘어날까요? 무조건 한자를 외우는 공부는 아이를 지치게만 할 뿐 어휘력이 늘어나지도, 개념을 이해할 수도 없어요. 외우지 않고도 한자 하나하나 뜻풀이하여 속뜻을 이해하면 아무리 어려운 단어라도 머릿속에 쏙쏙 들어온답니다. 자, 광복절을 '빼앗겼던 나라를 되찾아 빛[光]을 회복한[復] 날[節]'이라고 뜻풀이하면 어떤 아이도 이해하지 못할 단어는 없지요.

### "교과서 단어 공부 = 교과 개념 공부"

단어의 뜻을 꼼꼼히 짚고 넘어가면 어느새 교과에서 중요하게 다루는 개념도 자연스레 이해할 수 있지요. 이 책은 최신 교과 과정을 바탕으로 교과서에서 꼭 필요한 단어들을 선별하여 구성하였어요. 아이들이 스스로 읽으며 자연스레 단어를 익힐 수 있도록 설계하였지요. 억지로 외우지 않고 이해하면서 익히기 때문에 훨씬 머릿속에 오래 남아요.

### "5학년은 기회의 시기, 상위권으로 점프! 점프!"

기본 개념을 익히는 시기 5학년, 동시에 비슷해 보였던 아이들 실력이 눈에 띄게 갈라지는 시기이기도 하지요. 단어의 속뜻을 꼼꼼히 짚고 넘어가는 작은 습관이 훗날 중·고등학교에서 큰 차이가 되어 돌아옵니다. 기회의 시기 5학년! 이 책과 함께 많은 학생이 상위권으로 도약할 수 있기를 바랍니다.

류지홍 · 이지영

# 이 책은 이렇게 되어 있어요.

### 한눈에 쏘옥~ 주제 파악하기
교과서에서 꼭 알아야 할 주제만 쏙쏙 뽑았지요. 어떤 내용을 만날지 한눈에 알 수 있다고요. 자, 이제 재미있는 만화까지 읽었으면 단어 공부 준비 완료!

### 이야기를 따라 단어의 속뜻이 술술!
이야기를 따라 재미있게 읽다 보면 어렵던 교과서 한자어가 식은 죽 먹기! 과목 공부도 덩달아 되니 이제 성적 오르는 건 시간문제지요.

### 참고 자료
더 궁금하고 재미있는 이야기가 와르르~

### 단어 카드
단어 카드를 보며 한자 하나하나 뜻풀이하면 어느새 속뜻이 술술~ 이해가 팍팍!
우와~ 개념이 보인다!

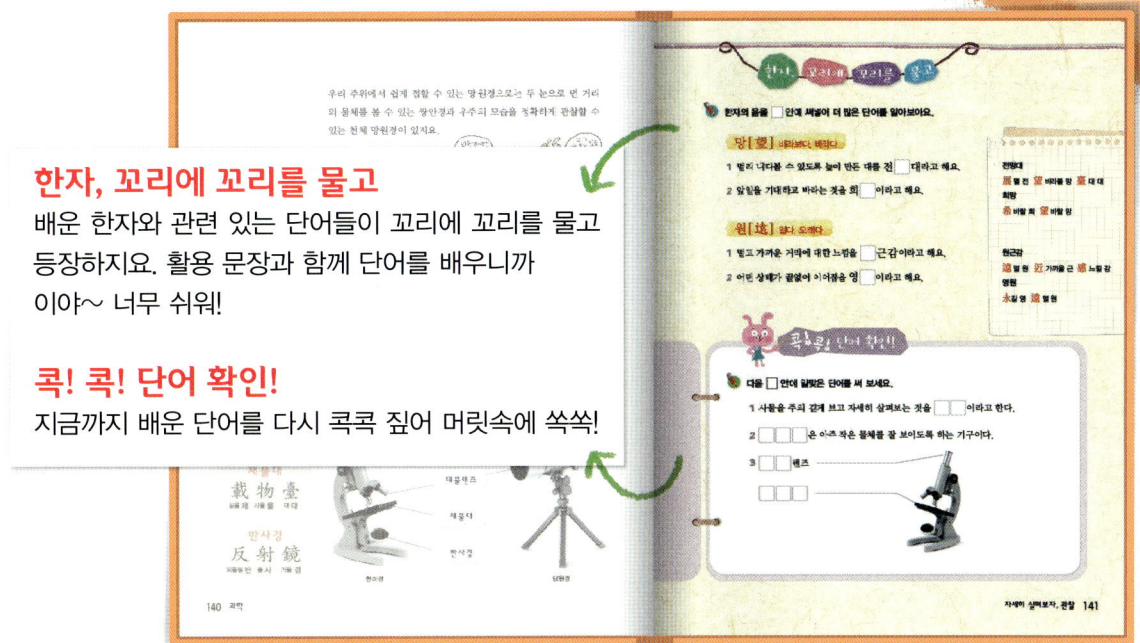

### 한자, 꼬리에 꼬리를 물고
배운 한자와 관련 있는 단어들이 꼬리에 꼬리를 물고 등장하지요. 활용 문장과 함께 단어를 배우니까 이야~ 너무 쉬워!

### 콕! 콕! 단어 확인!
지금까지 배운 단어를 다시 콕콕 짚어 머릿속에 쏙쏙!

### 단어 속뜻과 정답
잠깐! '한자, 꼬리에 꼬리를 물고'에 나오는 단어의 속뜻도 궁금하다고요? 부록에 단어의 속뜻과 정답이 있으니 걱정하지 마세요!

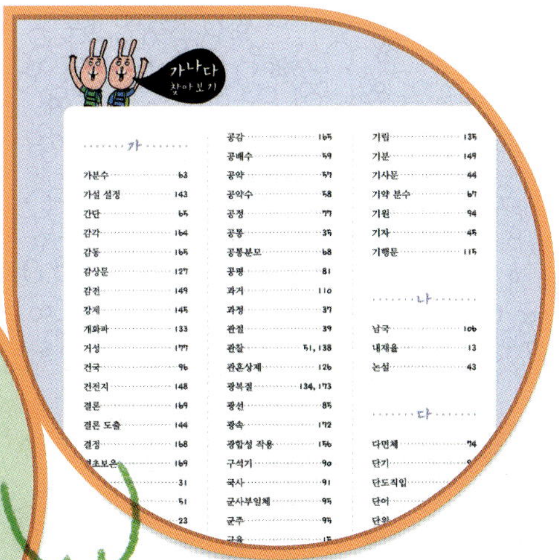

### 휘리릭 재빨리 단어 찾아보기
갑자기 교과서에서 어려운 한자어를 만났다면? 과목별 찾아보기, 가나다 찾아보기로 1초 만에 단어를 찾아볼 수 있어요.

# 차례

## 이 책의 순서는 이래요.

콕! 찍어 주는 **국어** 속 한자어

**시의 가락, 운율** ·············· 12
운율, 외형률, 내재율, 인상적, 비유적

**그 시절에 부르는 노래, 시조** ·············· 16
시조, 초장, 중장, 종장, 음보, 음수

**길게 쓴 소설, 장편 소설** ·············· 20
장편, 중편, 단편, 인물, 중심인물, 주변 인물, 사건, 배경

**말의 무리, 어휘** ·············· 24
단어, 어휘, 사전적 의미, 문맥적 의미, 비언어적 표현, 반언어적 표현

**말의 차례, 어순** ·············· 28
어순, 주어, 목적어, 서술어

**생각이 통해요, 의사소통** ·············· 32
의사소통, 대상, 대화, 매체

**원인과 결과, 인과** ·············· 36
연관성, 인과, 과정, 묘사, 분석

**해결점을 찾아요, 토론과 토의** ·············· 40
토론, 토의, 주장, 반론, 설득

**사실을 기록한 글, 기사문** ·············· 44
기사문, 기자, 자료, 수집, 육하원칙

**일생을 기록한 글, 전기문** ·············· 48
전기문, 성찰, 평전, 자서전, 회고록

## 콕! 찍어 주는 수학 속 한자어

### 묶어 주는 수, 약수 ..................... 54
짝수, 홀수, 약수, 배수

### 공통되는 약수, 공약수 ..................... 58
공약수, 최대 공약수, 공배수, 최소 공배수

### 진짜 분수, 진분수 ..................... 62
진분수, 가분수, 대분수, 혼분수, 단위, 단위 분수

### 분모가 서로 같아요, 통분 ..................... 66
약분, 기약 분수, 통분, 공통분모

### 합치니까 똑같아, 합동 ..................... 70
도형, 합동, 대응, 대응점, 대응변, 대응각

### 직사각형이 모이면? 직육면체 ..................... 74
다면체, 직육면체, 정육면체

### 열어 펼쳐봐, 전개도 ..................... 78
면, 평행, 수직, 전개도

### 마주 보며 서로 걸맞은 대칭 ..................... 82
대칭, 대칭축, 선대칭 도형, 점대칭 도형

# 콕! 찍어 주는 사회 속 한자어

### 선인들이 남긴 발자취, 유적 ·········· 88
선사 시대, 유물, 유적, 구석기, 신석기, 청동기

### 옛 조선, 고조선 ···················· 92
고조선, 제정일치, 홍익인간, 기원, 단기

### 나라를 세우자, 건국 ················ 96
건국, 삼국, 영토, 전성기, 천도

### 골과 두품으로 나눈 골품 제도 ········ 100
신분, 골품 제도, 지배 계급, 피지배 계급

### 남겨진 백성, 유민 ·················· 104
유민, 부흥 운동, 계승, 남국, 북국, 해동성국

### 사이좋게 지내자, 화친 ·············· 108
화친, 민족 융합 정책, 북진 정책, 호족, 과거

### 글 읽는 신하, 문신 ················· 112
문신, 무신, 문벌, 무신 정변, 봉기

### 쇠로 만든 활자, 금속 활자 ··········· 116
인쇄술, 금속 활자, 고려청자, 상감 청자, 화포, 향약구급방

### 돌아온 군대, 위화도 회군 ············ 120
친명파, 친원파, 요동 정벌, 위화도 회군, 온건파, 급진파, 육조

### 조선의 생각, 유교 사상 ············· 124
숭유억불, 유교, 유교 사상, 삼강, 오륜, 관혼상제

### 두 개의 큰 난리, 양란 ··············· 128
전란, 양란, 대첩, 임진왜란, 정유재란, 병자호란, 북벌 정책

### 빛을 되찾은 날, 광복절 ············· 132
병인양요, 신미양요, 개화파, 척사파, 일제 강점기, 독립운동, 광복절

## 콕! 찍어 주는 과학 속 한자어

**자세히 살펴보자, 관찰** ········· 138
관찰, 현미경, 망원경, 접안렌즈, 대물렌즈, 재물대, 반사경

**실험의 첫 단계, 문제 인식** ········· 142
문제 인식, 가설 설정, 변인, 변인 통제, 자료 해석, 결론 도출

**번개 기운, 전기** ········· 146
전기, 전류, 정전기, 전선, 전지, 건전지, 충전지

**전기를 이끄는 물체, 도체** ········· 150
도체, 부도체, 전기 회로, 전기 회로도, 직렬연결, 병렬연결

**빛을 받자, 광합성 작용** ········· 154
지지 작용, 흡수 작용, 저장 작용, 광합성 작용, 증산 작용

**아주 작은 생물, 미생물** ········· 158
서식지, 습지, 미생물, 세균, 유기 농법

**음식물이 사라져요, 소화** ········· 162
소화, 순환, 호흡, 배설, 감각

**녹아라! 풀어져라! 용해** ········· 166
용질, 용매, 용해, 용액, 결정

**물체의 빠르기, 속력** ········· 170
운동, 속력, 속도, 광속, 음속, 마찰

**우주의 거대한 빛, 태양** ········· 174
태양, 항성, 행성, 위성, 태양계

## 부록

단어 속뜻과 정답 ········· 180
과목별 찾아보기 ········· 190
가나다 찾아보기 ········· 193

# 콕! 찍어 주는 국어 속 한자어

시의 가락, **운율** 12
그 시절에 부르는 노래, **시조** 16
길게 쓴 소설, **장편 소설** 20
말의 무리, **어휘** 24
말의 차례, **어순** 28
생각이 통해요, **의사소통** 32
원인과 결과, **인과** 36
해결점을 찾아요, **토론**과 **토의** 40
사실을 기록한 글, **기사문** 44
일생을 기록한 글, **전기문** 48

## 시의 가락, 운율

시의 운율과 재밌는 표현

**운율**
**韻 律**
말소리 운  가락 률

시를 읽으면 노래 부르는 듯한 느낌이 들지요. 왜냐하면, 시 속에 음악이 숨어 있기 때문이에요. 그것을 운율이라고 합니다. 운율은 비슷한 말소리[韻]를 여러 번 사용하여 느껴지는 가락[律]이지요. 같은 말, 글자 수, 문장 구조가 반복되거나 의성어·의태어를 똑같이 사용하면 운율이 느껴져요.

시의 운율은 크게 외형률과 내재율로 나누어져요. 외형률은 겉으로[外] 형식[形]이 드러나는 가락[律]이지요. 그래서 시조나 민요처럼 같은 말이 반복되거나 글자 수, 문장 구조가 똑같은 경우에 외형률이 나타난답니다.

**외형률**
外 形 律
바깥 외  모양 형  가락 률

반대로 내재율은 겉으로 드러나는 형식 없이 시어 속[內]에 숨어 있는[在] 가락[律]을 말해요. 겉으로 드러나는 형식이 없어서 시를 읽으면 은근히 느껴지지요. 대체로 현대시는 내재율로 되어 있답니다.

**내재율**
內 在 律
안 내  있을 재  가락 률

시를 읽고 특별한 장면이 머릿속에 남을 때 '인상적이다.'라고 말하지요? 인(印)은 '도장을 찍다.', 상(象)은 '모양, 모습'이라는 뜻으로 머리에 그 모습[象]이 도장 찍듯[印] 생생히 기억되는 것[的]을 말한답니다. 경험에 따라 인상적인 부분은 다를 수 있어요. 시를 읽고 친구와 인상적인 표현을 이야기해 보세요. 아마 생각이 깊어지고 넓어질 거예요.

**인상적**
印 象 的
도장 찍을 인  모양 상  어조사 적

시의 가락, 운율

## 비유적
### 比 喩 的
견줄 비 · 알릴 유 · 어조사 적

동요 「사과 같은 내 얼굴」의 가사를 눈을 감고 상상해 보세요. 사과는 동글동글 만질만질하게 생겼어요. 그럼 사과를 닮은 얼굴은 어떨까요? 동글동글한 얼굴에 눈·코·입이 귀여운 얼굴을 상상할 거예요. 표현하려는 것을 비슷한 것에 견주어[比] 이르는[喻] 것[的]을 비유적이라고 한답니다.

시에서는 생생한 느낌을 주기 위해 비유적 표현을 많이 써요. '국화꽃이여'라고 말하는 것보다 '내 누님같이 생긴 꽃이여'라고 말하면 국화꽃에서 느끼는 감정을 더 확실히 알 수 있지요. 또 '내 마음은 호수요'라고 표현하면 얼마나 마음이 깊고 넓은지 느낄 수 있답니다.

## 한자, 꼬리에 꼬리를 물고

📝 한자의 음을 ☐ 안에 써넣어 더 많은 단어를 알아보아요.

### 운[韻] 음운, 멋지고 아름답다

1. 시의 형식으로 지은 글을 ☐문이라고 해요.
2. 고상하고 우아한 멋을 ☐치라고 해요.

### 률[律] 법

1. 나라에서 정한 모든 법을 통틀어 법☐이라고 해요.
2. 질서나 제도를 유지하기 위하여 정해 놓은 법을 규☐이라고 해요.

운문
韻 음운 운  文 글 문
운치
韻 멋지고 아름다울 운  致 취향 치

법률
法 법 법  律 법률
규율
規 법 규  律 법률

## 콕콕! 단어 확인!

📝 다음 ☐ 안에 알맞은 단어를 써 보세요.

1. ☐☐은 시에서 비슷한 말소리를 여러 번 사용하여 느껴지는 가락이다.
2. 시의 운율 중 겉으로 형식이 드러나는 가락을 ☐☐☐이라고 한다.
3. 머리에 그 모습을 도장 찍듯 생생히 기억되는 표현을 ☐☐☐ 표현이라고 한다.
4. ☐☐☐ 표현은 표현하려는 것을 비슷한 것에 견주어 이르는 것이다.

**시조의 형식**

# 그 시절에 부르는 노래, 시조

**시조**
**時 調**
때 시   가락 조

우리 민족은 고려 시대부터 점차 노래에 가사를 넣어 부르다가 조선 시대에 와서는 더욱 즐겨 불렀답니다. 조선 시대 영조 때 이세춘이라는 사람은 「시절가조」라는 곡을 지었어요. 「시절가조」는 그 시절[時節]에 부르는[歌] 노래[調]라는 뜻인데, 바로 이세춘의 「시절가조」를 줄여 '시조'라고 불렀답니다. 이후 시간이 흘러 시조는 우리나라 고유의 시를 부르는 말이 되었어요.

시조는 주로 세 줄로 이루어져요. 각각 첫째 줄을 초장, 둘째 줄을 중장, 셋째 줄을 종장이라고 한답니다. 초장은 시조의 처음[初] 글[章], 중장은 시조의 가운데[中] 글[章], 종장은 시조의 마지막[終] 글[章]이지요.

**초장**
初 章
처음 초  글 장

**중장**
中 章
가운데 중  글 장

**종장**
終 章
끝 종  글 장

시는 운율이 있어 노래 부르는 것 같지만, 시조는 음보율과 음수율이 있어 노래 부르는 것 같아요. 음보율과 음수율에 대해 알아보도록 해요.

음표 양이 징검다리를 건너고 있어요. 음표 양은 한 걸음에 세 개씩, 네 개씩 건널 수 있나 봐요. 이렇게 소리[音]가 한 걸음[步]에 가는 거리를 음보라고 한답니다. 한 번도 숨을 쉬지 않고 쭉~읽으면 숨이 차죠? 그러니까 한 음보를 내고 나면 잠깐 숨을 쉬어 준답니다. 이렇

**음보**
音 步
소리 음  걸음 보

게 초장, 중장, 종장이 규칙적인 음보의 수를 가지게 되면 운율을 가지는데 그것을 음보율이라고 해요. 대개 시조는 한 장에 4음보로 구성되어 있어요.

**음수 音數** 소리 음 숫자 수

한 음보는 몇 개의 글자로 이루어져요. 한 글자는 하나의 소리를 가지고 있고요. 한 음보에서 가지는 소리[音]의 수[數]를 음수라고 한답니다. 음수를 일정하게 반복하여 가지는 운율을 음수율이라고 하지요. 우리나라 시조는 대체로 세 글자와 네 글자 또는 네 글자와 네 글자가 일정하게 배열된 3·4조, 4·4조로 되어 있습니다.

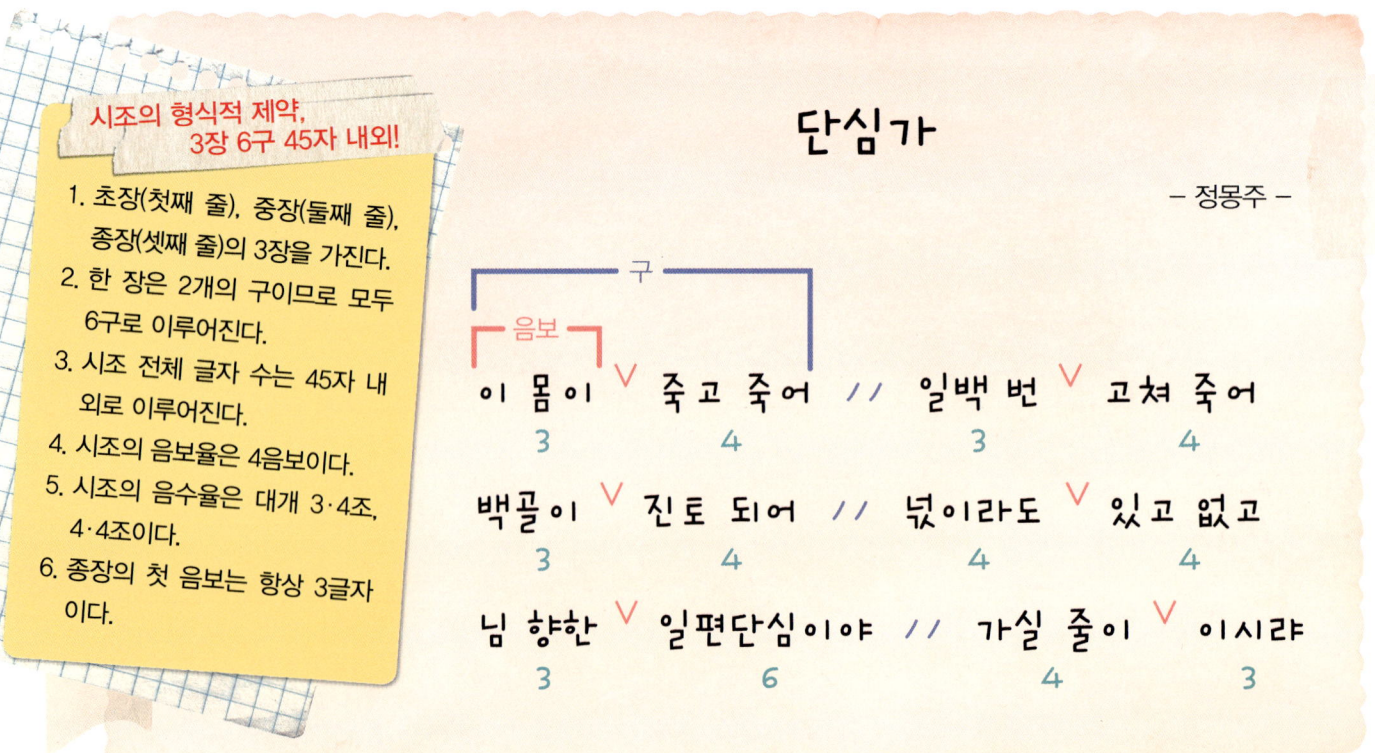

**시조의 형식적 제약, 3장 6구 45자 내외!**

1. 초장(첫째 줄), 중장(둘째 줄), 종장(셋째 줄)의 3장을 가진다.
2. 한 장은 2개의 구이므로 모두 6구로 이루어진다.
3. 시조 전체 글자 수는 45자 내외로 이루어진다.
4. 시조의 음보율은 4음보이다.
5. 시조의 음수율은 대개 3·4조, 4·4조이다.
6. 종장의 첫 음보는 항상 3글자이다.

### 단심가

– 정몽주 –

이 몸이 ∨ 죽고 죽어 // 일백 번 ∨ 고쳐 죽어
3       4         3        4

백골이 ∨ 진토 되어 // 넋이라도 ∨ 있고 없고
3       4         4        4

님 향한 ∨ 일편단심이야 // 가실 줄이 ∨ 이시랴
3        6           4        3

## 한자, 꼬리에 꼬리를 물고

✏️ 한자의 음을 ☐ 안에 써넣어 더 많은 단어를 알아보아요.

### 시 [時] 때

1. 24시간 중 어느 한 시점을 ☐각이라고 해요.
2. 어떤 시각부터 어떤 시각까지를 ☐간이라고 해요.

### 조 [調] 고르다, 조절하다

1. 분쟁을 화해시켜 그치게 하는 것을 ☐정이라고 해요.
2. 악기의 소리를 조정하여 표준음에 맞추는 것을 ☐율이라고 해요.

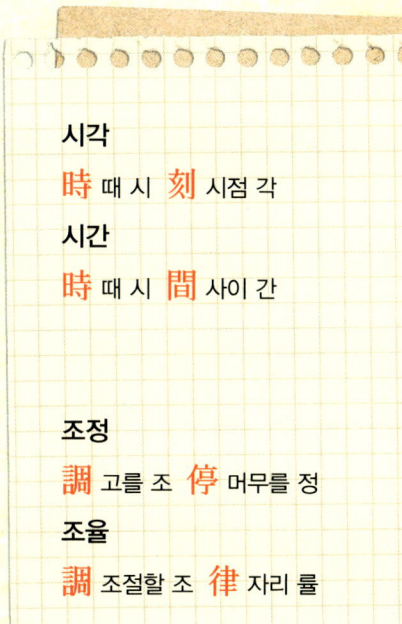

시각
時 때 시 刻 시점 각

시간
時 때 시 間 사이 간

조정
調 고를 조 停 머무를 정

조율
調 조절할 조 律 자리 률

### 콕콕! 단어 확인!

✏️ 다음 ☐ 안에 알맞은 단어를 써 보세요.

1. '그 시절에 부르는 노래'라는 뜻으로 고려 말부터 조선 시대까지 발달했던 우리나라 고유의 시를 ☐☐라고 한다.

2. 시조 ─┬─ 시조의 처음 글: ☐☐
        ├─ 시조의 가운데 글: ☐☐
        └─ 시조의 마지막 글: ☐☐

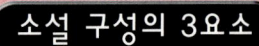

소설 구성의 3요소

# 길게 쓴 소설, 장편 소설

소설은 옛날 중국 한나라 때, 왕이 백성의 생활을 알고자 패관이라는 벼슬을 두고 거리에 떠도는 이야기를 기록하였다는 데서 유래하였어요. 지금은 작가가 사실에 바탕을 두고 상상력을 더해 창작한 이야기를 말해요.

**장편**
長 篇
길 장   작품 편

**중편**
中 篇
가운데 중   작품 편

**단편**
短 篇
짧을 단   작품 편

소설은 작품의 길이에 따라 장편, 중편, 단편으로 나눌 수 있어요. 장편이 제일 긴[長] 작품[篇], 중편은 장편과 단편의 중간[中] 작품[篇], 단편이 제일 짧은[短] 작품[篇]이라는 것을 알 수 있죠!

춘향전에는 춘향, 몽룡, 방자 등 여러 인물이 나오지요. 인물은 만물[物] 중 사람[人]이라는 뜻으로, 소설에 등장하는 사람을 가리켜요. 인물 중에도 춘향과 몽룡처럼 이야기의 중심[中心]이 되는 인물[人物]을 중심인물, 향단, 방자, 월매, 사또처럼 중심인물을 둘러싼[周邊] 인물[人物]을 주변 인물이라고 한답니다.

**인물**
人 物
사람 인  만물 물

**중심인물**
中 心 人 物
가운데 중  마음 심  사람 인  만물 물

**주변 인물**
周 邊 人 物
두루 주  가 변  사람 인  만물 물

변 사또는 춘향에게 수청을 들라고 이야기했지만, 춘향은 사랑하는 몽룡이 있기 때문에 그 명령을 거절했어요. 그래서 변 사또는 춘향을 옥에 가두고 매를 치기 시작했답니다. 이렇게 이야기 속에서 벌어지는 온갖 일[事件]을 사건이라고 하지요.

**사건**
事 件
일 사  일 건

## 배경

背 景
등 배 경치 경

이곳은 변 사또가 있는 관청이랍니다. 관청은 몽룡이 춘향을 구하러 온 사건의 배경이 되는 곳이에요. 배경이란 이야기 뒤[背]로 보이는 경치[景], 사건이 일어난 바탕을 말하지요. 소설에 배경이 있으면 이야기의 생동감을 줄 수 있어요.

소설의 배경에는 사건이 일어난 시기인 '시대적 배경'과 사건이 일어난 장소인 '공간적 배경'이 있어요. 춘향전의 시대적 배경은 조선 시대이고 공간적 배경은 춘향과 몽룡이 있는 남원이랍니다. 이렇듯 인물, 사건, 배경은 소설을 구성하는 중요한 3대 요소니까 꼭 기억해 주세요!

## 한자, 꼬리에 꼬리를 물고

✏️ 한자의 음을 ☐ 안에 써넣어 더 많은 단어를 알아보아요.

### 배[背] 등

1. 믿음을 등지는 것을 ☐신이라고 해요.
2. 관복의 흉☐에는 문무관을 알리는 그림이 수놓아 있어요.

### 경[景] 경치

1. 산이나 들, 강, 바다 같은 자연의 모습을 ☐치라고 해요.
2. 매년 겨울 태백산에는 설☐을 구경하는 사람들로 붐벼요.

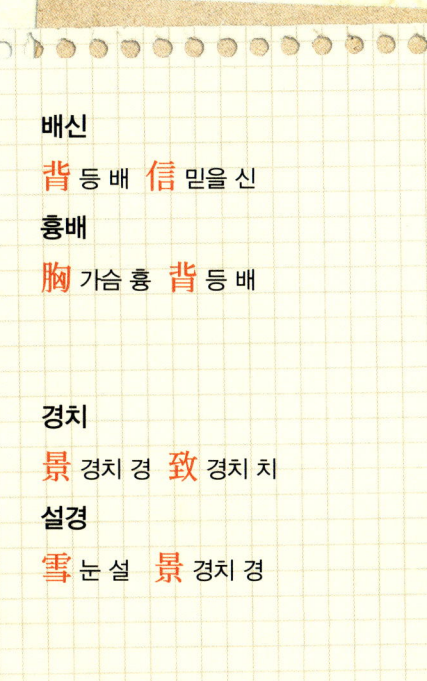

배신
背 등 배  信 믿을 신

흉배
胸 가슴 흉  背 등 배

경치
景 경치 경  致 경치 치

설경
雪 눈 설  景 경치 경

## 콕콕! 단어 확인!

✏️ 다음 ☐ 안에 알맞은 단어를 써 보세요.

1. 소설 구성의 3요소는 인물, ☐☐, 배경이다.

2. 이야기의 중심이 되는 인물을 ☐☐인물, 중심인물을 둘러싼 인물을 ☐☐인물이라고 한다.

3. ☐☐은 '이야기 뒤로 보이는 경치'라는 뜻으로, 이야기에 생동감을 준다.

**단어와 어휘**

# 말의 무리, 어휘

**단어**
**單 語**
홑 단  말 어

단어는 혼자서도[單] 간단한 뜻을 가진 말[語]이지요. 그런데 평소에 주의해서 써야 할 말 중에 어휘라는 말도 있어요. 차이점이 뭔지 살펴볼까요?

**어휘**
**語 彙**
말 어  무리 휘

어휘는 말[語]의 무리[彙]랍니다. 각 단어를 모두 아울러 어휘라고 하지요. 그래서 단어를 많이 알면 '단어력이 풍부하다.'라고 하지 않고 '어휘력이 풍부하다.'라고 하는 거랍니다.

의사소통을 잘하려면 단어의 의미를 정확하게 알아야 해요. 사전적 의미는 사전[辭典]에서 쓰이는 객관적이고 사실적인[的] 뜻[意味]을 말한답니다. 사전은 낱말을 일정한 순서대로 모아 그 뜻을 달아둔 책을 말해요. 국어사전, 영어 사전, 백과사전은 한 번쯤 봤겠지요?

**사전적 의미**
辭 典 的 意 味
말사 책전 어조사적 뜻의 뜻미

그러나 문맥적 의미는 문장[文]의 흐름[脈]에 따른[的] 뜻[意味]으로, 글의 앞·뒤 표현을 연결하여 나타나는 의미를 말한답니다.

**문맥적 의미**
文 脈 的 意 味
문장문 줄기맥 어조사적 뜻의 뜻미

밑줄 친 '이슬'의 사전적 의미와 문맥적 의미는 어떻게 다를까요? 사전에서 이슬을 찾아보면 '수증기가 찬 물체에 부딪혀 엉겨 생기는 물방울'이라고 나오죠. 그런데 이 글의 앞·뒤 문장을 살펴보면 동생이 이마를 부딪쳤다는 사실을 알 수 있어요. 따라서 문맥적으로는 이슬이 '눈물'이라는 것을 알 수 있답니다.

의사소통은 생각이나 느낌을 표현하는 거예요. 그런데 꼭 말이나 글로만 표현해야 할까요? 아기는 울음소리로 배가 고프다는 사실을 엄마에게 표현한대요. 이렇게 생각이나 느낌을 말[言語]이 아닌[非] 몸동작, 손동작, 표정으로[的] 표현[表現]하는 것을 비언어적 표현이라고 해요. 외국인을 만나면 손짓, 발짓만으로 말이 통하지요? 바로 그거예요!

**비언어적 표현**
**非 言 語 的 表 現**
아닐 비  말 언  말 어  어조사 적  겉 표  드러낼 현

화가 날 때 목소리가 높아지고 말소리도 짧아지지요? 말의 길이나 높낮이, 목소리의 변화처럼 반쪽짜리[半] 언어[言語]로[的] 표현[表現]하는 것을 반언어적 표현이라고 해요.

**반언어적 표현**
**半 言 語 的 表 現**
반 반  말 언  말 어  어조사 적  겉 표  드러낼 현

## 한자, 꼬리에 꼬리를 물고

✏️ 한자의 음을 ☐ 안에 써넣어 더 많은 단어를 알아보아요.

### 의[意] 뜻

1. 어떤 대상이나 일에 대한 자신의 뜻과 생각을 ☐견이라고 해요.
2. 한 곳에 관심을 집중하는 것을 주☐라고 해요.

### 미[味] 맛

1. 혀에서 달고, 시고, 짜고, 맵고, 쓴 맛을 느껴 아는 감각을 ☐각이라고 해요.
2. 음식의 맛을 고르게 맞추는 데 쓰는 재료를 조☐료라고 해요.

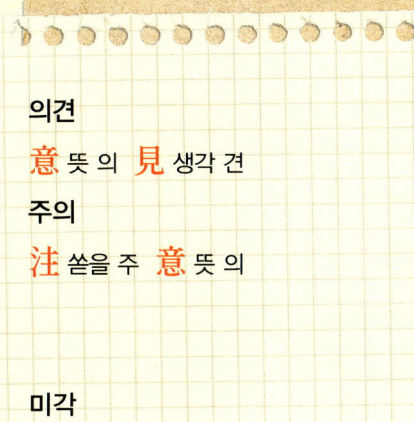

의견
意 뜻 의  見 생각 견

주의
注 쏟을 주  意 뜻 의

미각
味 맛 미  覺 느낄 각

조미료
調 고를 조  味 맛 미  料 재료 료

### 콕콕! 단어 확인!

✏️ 다음 ☐ 안에 들어갈 알맞은 단어를 보기에서 골라 써 보세요.

| 보기 | 사전적 | 문맥적 | 비언어적 | 반언어적 |

1. 사전에서 쓰이는 객관적이고 사실적인 의미를 ☐☐☐ 의미라고 한다.

2. 글의 앞·뒤 흐름에 따른 의미를 ☐☐☐ 의미라고 한다.

3. 말의 길이, 말의 높낮이, 목소리의 변화로 생각이나 느낌을 표현하는 것을 ☐☐☐☐ 표현이라 한다.

말의 무리, 어휘  **27**

### 어순과 문장 성분

# 말의 차례, 어순

**어순**
**語 順**
말 어  차례 순

우리말은 끝까지 들어야 정확한 의미를 알 수 있어요. 왜냐하면 말[語]의 차례[順]인 어순 때문이에요. 말을 할 때나 글을 쓸 때 자신의 생각을 정확하게 전달하려면 어순에 알맞은 글을 써야 해요.

그럼 어순을 구성하는 문장 성분에는 무엇이 있는지 알아볼까요? 첫째, 주어!! 주어는 문장의 주인[主]이 되는 말[語]이에요. 문장에서 '누가, 무엇이'에 해당하는 말로 문장의 주체를 말하지요.

**주어**
主 語
주인 주  말 어

| 주어 | 목적어 | 서술어 |
|---|---|---|
| 웅이가 | 탕수육을 | 먹는다. |
| 하니가 | 달리기를 | 한다. |

둘째, 목적어!! 목적은 목표로 정한 대상을 말해요. 따라서 목적어란 동작의 대상[目的]이 되는 말[語]로, '무엇을'에 해당하는 말이랍니다.

**목적어**
目 的 語
목표 목  과녁 적  말 어

| 주어 | 목적어 | 서술어 |
|---|---|---|
| 둘리가 | 엄마를 | 찾는다. |
| 세리가 | 바이올린을 | 켠다. |

셋째, 서술어!! 서술어는 어떤 사실을 차례대로[敍] 설명하는[述] 말[語]이에요. 주어가 무엇을 하는지, 상태가 어떤지, 성질이 어떤지 나타내 주는 말이죠. '어찌하다, 어떠하다'에 해당하는 말이랍니다.

**서술어**
敍 述 語
차례 서  말할 술  말 어

| 주어 | 목적어 | 서술어 |
|---|---|---|
| 누나가 | 책을 | 읽는다. |
| 동생이 | 피아노를 | 친다. |

말의 차례, 어순

어순은 문장 성분을 일정한 순서에 맞게 차례대로 나열하는 것이라고 했지요? 그렇다면 우리나라 어순은 어떻게 될까요? 우리나라 어순은 기본적으로 주어가 먼저 놓이고, 그다음이 목적어, 마지막에 서술어가 놓인답니다. 서술어가 가장 끝에 오기 때문에 '한국말은 끝까지 들어 봐야 안다.'라는 말이 탄생하게 된 거죠!

기본 어순

주어 + 목적어 + 서술어

슈퍼맨이   축구공을   차다

어순이 뒤바뀌면 상대방이 무엇을 말하는지 정확히 알 수 없어요. 간혹 외국인이 우리말을 뒤죽박죽 이야기하지요? 왜냐하면, 나라마다 어순이 조금씩 다르기 때문이에요.

## 한자, 꼬리에 꼬리를 물고

✏️ 한자의 음을 ☐ 안에 써넣어 더 많은 단어를 알아보아요.

### 어[語] 말

1. 말이 생겨난 역사적 근원을 ☐원이라고 해요.
2. 어른에게는 공경하는 높임말, 경☐를 써야 해요.

### 순[順] 차례

1. 일이 이루어지는 차례를 ☐서라고 해요.
2. 글자를 쓸 때 획(劃)의 순서를 필☐이라고 해요.

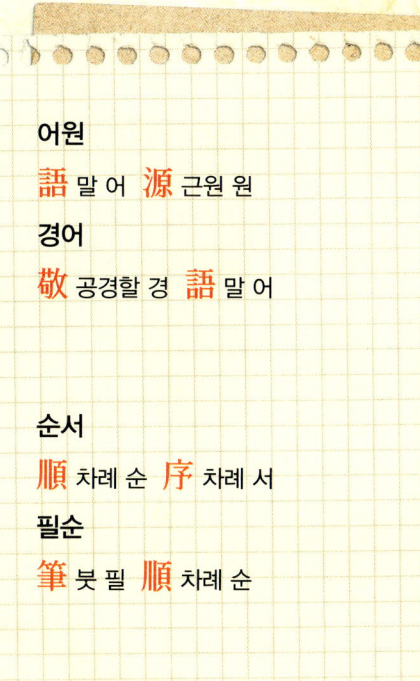

어원
語 말 어  源 근원 원
경어
敬 공경할 경  語 말 어

순서
順 차례 순  序 차례 서
필순
筆 붓 필  順 차례 순

### 콕콕! 단어 확인!

✏️ 다음 ☐ 안에 알맞은 단어를 써 보세요.

1. 말의 차례를 ☐☐이라고 한다.
2. ☐☐는 문장에서 주인이 되는 말이다.

✏️ 다음 ( ) 안에 알맞은 문장 성분을 써 보세요.

　　　　동생이　　　컴퓨터 게임을　　　한다.
　　　(　　　　)  (　　　　　) (　　　　　)

말의 차례, 어순

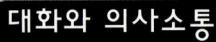

**대화와 의사소통**

# 생각이 통해요, 의사소통

서로 다르게 이해했던 '의사'의 세 가지 뜻을 알아볼까요? 첫 번째 의사(義士)는 의로운[義] 선비[士]를 뜻해요. 윤봉길 의사는 일제 강점기 때 도시락 폭탄을 던져 독립운동을 하셨던 의로운 분이었어요. 두 번째 의사(醫師)는 사람의 병을 치료하는[醫] 사람[師]이지요. 세 번째 의사(意思)는 자신의 뜻[意]과 생각[思]을 말한답니다.

우리말은 소리는 같지만, 뜻이 다른 말 때문에 가끔 의사소통이 잘되지 않을 때도 있답니다. 의사소통은 뜻[意]과 생각[思]이 서로 막히지 않고[疏] 잘 통하다[通]라는 말이지요.

**의사소통**
**意 思 疏 通**
뜻 의　생각 사　트일 소　통할 통

### 같은 말, 다른 뜻?
'의사'처럼 소리는 같으나 뜻이 전혀 다른 단어를 '동음이의어(同音異義語)'라고 해요. 동음이의어는 한자어뿐만 아니라 먹는 '밤', 저녁 '밤'처럼 고유어에도 많이 있어요.

의사소통은 혼자서는 할 수 없어요. 마주 대하는[對] 상대[象], 즉 대상이 있어야 하지요. 공부하다가 궁금한 것이 생기면 친구에게 물어볼 수도 있고, 선생님께 여쭈어 볼 수도 있지요. 나와 이야기를 나누는 그 사람을 '대상'이라고 한답니다.

**대상**
對 象
마주할 대  상대 상

학교에 가면 친구들과 정답게 이야기를 나누고, 집에 오면 오늘은 어떤 재미있는 일이 있었는지 엄마·아빠와 이야기한답니다. 우리는 이렇게 늘 대화를 하지요. 대화란 서로 마주 보며[對] 말하는[話] 것이에요. 대화하면 서먹한 사이는 친해지고 친한 사이는 더욱 친해지는 마법이 숨어 있답니다.

**대화**
對 話
마주할 대  말할 화

생각이 통해요, 의사소통

## 매 체
### 媒 體
전달할 매  물체 체

얼굴을 마주 보며 대화를 나누기도 하지만 인터넷으로 멀리 떨어진 친구와 대화를 나누기도 해요. 채팅도 하고 이메일도 보내지요. 인터넷은 우리 생활과 떼려야 뗄 수 없는 중요한 매체가 되었어요. 매체는 이쪽에서 저쪽으로 전달하는[媒] 물체[體]라는 뜻입니다.

매체는 우리 생활에서 중요한 정보를 얻는 곳이기도 해요. 우리 주변에는 어떠한 매체가 있는지 그림에서 찾아볼까요?

## 한자, 꼬리에 꼬리를 물고

✏️ 한자의 음을 ☐ 안에 써넣어 더 많은 단어를 알아보아요.

### 소[疏] 멀다

1. ☐원했던 친구와 다시 친해졌어요.
2. 남들과 멀어진 듯한 느낌을 ☐외감이라고 해요.

### 통[通] 통하다

1. 서로 같은 점으로 통하는 것을 공☐이라고 해요.
2. 소식을 전하는 것을 ☐신이라고 해요.

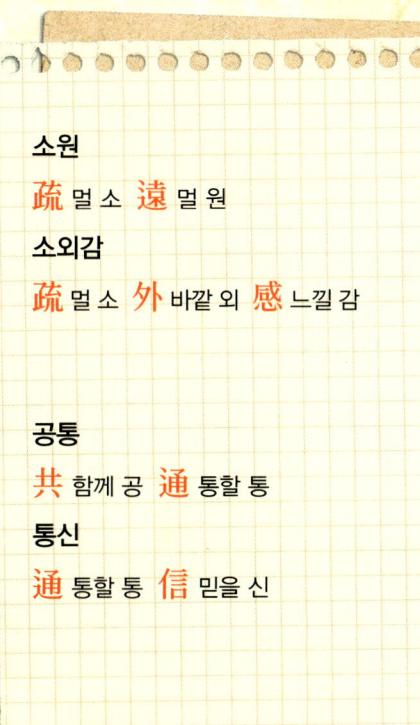

소원
疏 멀 소　遠 멀 원

소외감
疏 멀 소　外 바깥 외　感 느낄 감

공통
共 함께 공　通 통할 통

통신
通 통할 통　信 믿을 신

### 콕콕! 단어 확인!

✏️ 다음 ☐ 안에 알맞은 단어를 써 보세요.

1. 뜻과 생각이 서로 막히지 않고 통하는 것을 ☐☐☐☐이라고 한다.
2. 대화를 할 때 마주 대하는 상대를 ☐☐이라고 한다.
3. ☐☐는 이쪽에서 저쪽으로 전달하는 물체로 책, 인터넷, 텔레비전, 신문 등이 있다.

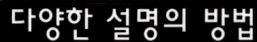

# 원인과 결과, 인과

엄마는 드라마를 어떻게 저렇게 재미나게 이야기할까요? 일어난 사실만 쭉 이야기해도 재미가 없고 이것저것 순서 없이 이야기하면 무슨 말인지 알아들을 수 없어요.

그래서 이야기를 잘하려면 연관성 있게 말해야 해요. 앞뒤 사건을 접착제로 딱 붙이듯 찰싹 붙여야 흥미진진하거든요. 만약 친구가 드라마 이야기를 하다가 축구 이야기를 한다면!!! '갑자기 무슨 소리야?'라고 할 거예요.

**연관성**
**聯 關 性**
이을 련 관계할 관 성질 성

연관성의 연(聯)은 '잇다'라는 뜻이고, 관(關)은 '관계하다', 성(性)은 '성질'이라는 뜻이지요. 그래서 연관성은 앞뒤 사건이 서로 관계[關]를 맺어 이어지는[聯] 성질[性]을 말한답니다.

연관성을 잘 살리려면 일이 일어난 원인과 결과를 살펴야 해요. '콩 심은 데 콩 나고, 팥 심은 데 팥 난다.'라는 속담이 있지요? '콩을 심고, 팥을 심은 것'은 원인이고, '콩이 나고 팥이 나는 것'은 결과가 되지요. 이렇게 원인[因]과 결과[果]를 아울러 인과라고 한답니다.

이야기를 잘 설명하는 방법에는 일이 일어난 차례대로 설명하는 '과정', 그림을 그리듯 설명하는 '묘사', 하나하나 따져보는 '분석'이 있어요.

첫째, 과정은 일이 되어 가는[過] 경로[程]라는 뜻이랍니다. 라면을 끓이는 순서처럼 주로 일정한 순서대로 설명하는 방법을 말해요.

### 묘사 描寫
그릴 묘 그릴 사

둘째, 묘사는 어떤 일을 그림 그리듯이[描寫] 자세히 말해 주는 것이에요. 묘사의 방법으로 설명하면 직접 보고 듣고 느낀 것처럼 생생하게 전해 줄 수 있답니다.

**묘사와 모사는 달라요!**
묘사(描寫)는 어떤 일을 그림 그리듯 자세히 말하는 것이고 모사(模寫)는 성대모사처럼 똑같이 흉내 내는 것을 말해요!

### 분석 分析
나눌 분 가를 석

셋째, 분석은 복잡하게 이루어진 것을 성질에 따라 나누고[分] 가르는[析] 것을 말해요. 시계를 하나하나 분해하여 그 구조를 설명하는 방법을 분석이라 하지요.

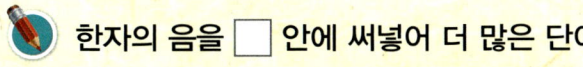

### 한자, 꼬리에 꼬리를 물고

✏️ 한자의 음을 ☐ 안에 써넣어 더 많은 단어를 알아보아요.

#### 련 [聯] 잇다

1. 어떤 사실을 다른 사람에게 알리는 것을 ☐락이라고 해요.
2. 관련되는 생각이 떠오르는 현상을 ☐상이라고 해요.

#### 관 [關] 관계하다

1. 뼈와 뼈가 서로 맞닿은 부분을 ☐절이라고 해요.
2. 서로 관계를 맺거나 그런 관계를 가리켜 상☐이라고 해요.

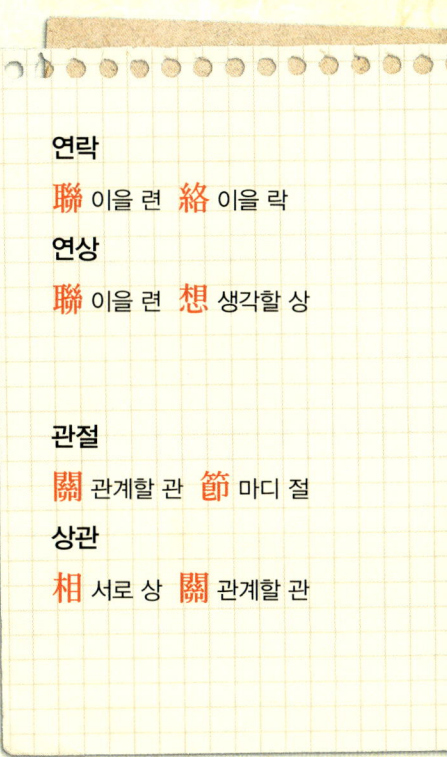

연락
聯 이을 련  絡 이을 락
연상
聯 이을 련  想 생각할 상

관절
關 관계할 관  節 마디 절
상관
相 서로 상  關 관계할 관

### 콕콕! 단어 확인!

✏️ 다음 ☐ 안에 들어갈 알맞은 단어를 보기에서 골라 써 보세요.

| 보기 | 과정 | 인과 | 분석 |

1. 글의 연관성을 잘 드러내려면 사건의 ☐☐ 관계를 잘 밝혀 적어야 한다.
2. 일이 일어난 일정한 순서대로 설명하는 방법을 ☐☐이라고 한다.
3. 복잡하게 이루어진 것을 성질에 따라 나누고 갈라 설명하는 방법을 ☐☐ 이라고 한다.

원인과 결과, 인과

**토론과 토의의 차이**

# 해결점을 찾아요, 토론과 토의

**토론**
討論
칠 토   말할 론

어떤 문제에 대해 서로 생각이 다를 때 우리는 토론을 한답니다. 토론은 어떤 문제를 두고 더 좋은 근거를 찾아 상대방 의견을 공격하여[討] 설득하는 말하기[論]지요. 대개 토론은 찬성자와 반대자가 각자의 주장을 내세우며 그 주장의 옳고 그름을 따진답니다.

예를 들어 '시험이 꼭 필요할까?'라는 문제는 '시험은 필요하다.'라는 사람과 '시험은 필요없다.'라는 사람으로 나눌 수 있으므로 좋은 토론거리가 된답니다.

토의는 토론과 같이 상대방과 의견을 주고받는다는 공통점도 있지만 차이점도 있어요. 토의는 하나의 문제에 대해 더 좋은 방법을 찾기[討] 위해 서로 의논하는[議] 것을 말해요. 토론과 달리 대개 '환경 보호를 위해 우리가 할 일은 무엇일까?' 같은 문제를 토의한답니다.

**토의**
## 討 議
찾을 토  의논할 의

토론을 할 때 자신의 주장을 당당히 내세울 수 있어야 해요. 그렇다면 주장이라는 말은 무슨 뜻일까요? 주(主)는 '주인'이라는 뜻이고, 장(張)은 '펴다, 내세우다'라는 뜻이에요. 주장이라고 하면 자신이 주로[主] 내세우는[張] 의견을 말하지요.

**주장**
## 主 張
주인 주  내세울 장

### 반론 反論
반대할 반 말할 론

그러나 나의 주장이 상대방과 똑같을 수 없어요. 이때 상대방의 의견에 반대하여[反] 말하는[論] 것을 반론이라고 합니다. 하지만 감정적으로 반론하면 안 돼요. 싸움이 날 수도 있으니까요.

### 설득 說得
말할 설 얻을 득

적합한 이유와 근거를 들어 내 생각을 주장하면 어느덧 상대방도 내 생각을 이해하게 되지요. 상대방에게 내 생각을 말하여[說] 상대방의 마음을 얻는[得] 것, 그것이 설득이랍니다.

설득하려면 어떻게 해야 할까요? 옳다고 생각하는 그림에 ○ 해 보세요.

맞아요. 설득하려면 올바른 근거와 이유를 말해야 해요. 그래야 상대방도 자신의 잘못된 생각을 깨닫고, 올바른 의견을 받아들일 수 있을 테니까요.

## 한자, 꼬리에 꼬리를 물고

 한자의 음을 ☐ 안에 써넣어 더 많은 단어를 알아보아요.

### 설[說] 말하다

1 상대편이 잘 알 수 있도록 밝혀 말하는 것을 ☐명이라고 해요.
2 어떤 주제에 관하여 자기의 의견을 조리 있게 설명하는 것을 논☐이라고 해요.

### 득[得] 얻다

1 경기에서 점수를 얻는 것을 ☐점이라고 해요.
2 투표에서 표를 얻는 것을 ☐표라고 해요.

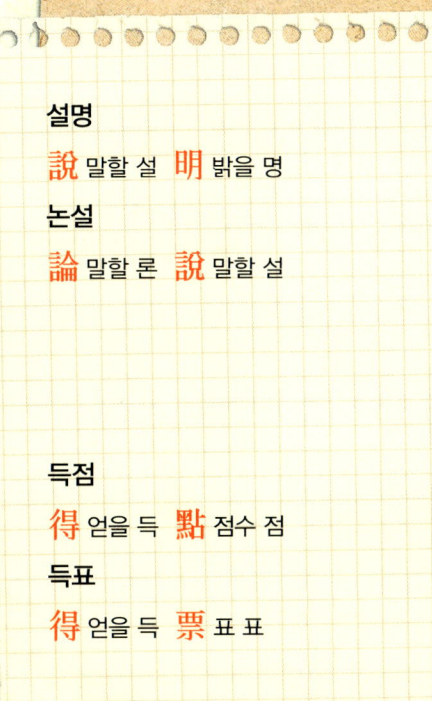

설명
說 말할 설  明 밝을 명
논설
論 말할 론  說 말할 설

득점
得 얻을 득  點 점수 점
득표
得 얻을 득  票 표 표

### 콕콕! 단어 확인!

 다음 ☐ 안에 알맞은 단어를 써 보세요.

1
☐☐ 찬성과 반대로 나뉘어 상대방을 설득하기 위해 주장함.　VS　☐☐ 더 좋은 해결책을 찾으려고 서로 의논함.

2 자신이 주로 내세우는 의견을 ☐☐이라고 한다.

3 상대방의 의견에 반대하여 말하는 주장을 ☐☐이라고 한다.

해결점을 찾아요, 토론과 토의

## 기사문의 특성

# 사실을 기록한 글, 기사문

**기사문**
記事文
기록할 기 　사실 사 　글 문

어디에서 무슨 일이 있었는지 자세히 알려 주는 건? 신문이지요. 신문 기사문은 있었던 사실[事]을 기록한[記] 글[文]이에요. 그래서 우리에게 유익한 지식과 정보를 제공해 준답니다.

기자는 있었던 사실을 기록하는[記] 사람[者]이지요. 세상에 일어나는 일을 사람들에게 알리고자 전쟁터나 천재지변이 일어나는 곳에서 위험을 무릅쓰고 취재를 한답니다.

**기자**
記 者
기록할 기 　사람 자

기자가 기사문을 쓰려면 사람들에게 알리고 싶거나 사람들이 관심을 두는 기삿거리를 모으겠지요? 이 기삿거리가 '자료'가 되고, 모으는 것을 '수집'이라고 말한답니다. 자료는 일의 바탕[資]이 되는 재료[料]로, 사진, 영상 등으로 찍은 기삿거리는 좋은 자료가 된답니다. 그리고 자료를 수집할 때는 정확하고 객관적인 자료만 모아야[蒐集] 하지요.

**자료**
資 料
바탕 자 　재료 료

**수집**
蒐 集
모을 수 　모을 집

기사문은 사실을 전달하는 글이므로 이해하기 쉽고 정확하게 글을 써야 해요. 그때 필요한 것이 육하원칙이에요. 육하원칙을 잘 지켜서 기사를 쓰면 필요한 정보를 빠짐없이 전달할 수 있지요.

> **육하원칙은 5W1H**
> 미국에서는 육하원칙을 5W1H라고 해요. 육하원칙의 각 요소의 첫 글자를 따서 이름 붙인 거랍니다.
> 누가(Who), 언제(When), 어디서(Where), 무엇을(What), 왜(Why), 어떻게(How)

사실을 기록한 글, 기사문

## 육하원칙
### 六何原則
여섯 **륙** 어찌 **하** 근원 **원** 법칙 **칙**

육하원칙은 기사를 쓸 때 따져 물어야[何] 할 여섯[六] 가지 원칙[原則]이에요. '누가, 언제, 어디서, 무엇을, 어떻게, 왜'라는 물음에 따라 기사문을 쓰면 일어난 일을 체계적이고 정확하게 정리할 수 있어요.

또 기사문을 쓸 때는 주관적인 생각보다 객관적인 사실을 써야 해요. 만약 주관적인 생각으로 기사로 쓴다면? 다른 사람들이 정확한 사실을 알 수 없겠지요!

## 한자, 꼬리에 꼬리를 물고

✏️ 한자의 음을 ☐ 안에 써넣어 더 많은 단어를 알아보아요.

### 자 [資] 바탕

1. 일을 할 때 밑바탕이 되는 돈을 ☐금이라고 해요.
2. 산간 지방에는 지하 광물이나 임산물 같은 ☐원이 풍부해요.

### 료 [料] 재료, 값

1. 물건을 만드는 데 들어가는 원료를 재☐라고 해요.
2. 고속 도로를 지날 때는 통행☐를 지급해야 해요.

**자금**
資 바탕 자  金 쇠 금
**자원**
資 바탕 자  源 근원 원

**재료**
材 재목 재  料 재료 료
**통행료**
通 지날 통  行 갈 행  料 값 료

## 콕콕! 단어 확인!

✏️ 다음 ☐ 안에 알맞은 단어를 써 보세요.

1. 있었던 사실을 기록한 글을 ☐☐☐이라고 한다.
2. 기사문 작성은 ☐☐ 수집에서 시작한다.
3. 
   - 누가
   - ☐☐
   - ☐
   - 어디서
   - 어떻게
   - ☐☐
   - 육하원칙

사실을 기록한 글, 기사문 47

**전기문의 특성과 종류**

# 일생을 기록한 글, 전기문

**전기문**
**傳記文**
전할 전  기록할 기  글 문

전기문은 한 사람의 일생을 전하여[傳] 기록한[記] 글[文]이지요. 인물의 삶을 사실에 근거하여 기록한답니다. 하지 않은 일을 했다고 하거나, 가지 않은 곳을 갔다고 하면 꾸며진 이야기인 소설이나 마찬가지겠지요?

전기문을 보면 인물이 살았던 시대 상황을 짐작할 수 있어요. 광개토 대왕 전기문에는 고구려 시대의 모습을 살펴볼 수 있고 세종 대왕 전기문에는 조선 시대 궁중의 모습을 살펴볼 수 있어요.

**전기문과 위인전은 같나요?**
'위인전기문'을 줄여 '위인전'으로 부른답니다. 위인이란 '훌륭한[偉] 사람[人]'을 뜻하지요. 그러니까 위인전은 훌륭한 사람의 일생을 전하여 기록한 글로, 전기문이라는 큰 틀에 속하는 글이랍니다.

또 전기문에는 인물의 업적이 잘 나타나 있지요. 이순신 장군의 전기문을 읽으면 왜군의 침략에 대비하여 만들어진 거북선을 만나볼 수 있고 이순신 장군의 희생정신도 느낄 수 있답니다.

전기문은 우리에게 많은 교훈과 감동을 준답니다. '유관순처럼 우리나라를 사랑해야지.', '내가 남을 배려하는 마음이 부족하구나!', '부모님께 늘 어리광만 부렸구나!'라고 말이지요. 다른 사람의 일생을 통해 내 삶을 되돌아보게 된답니다. 이렇게 자신이 한 일을 돌이켜 보고 깊이 살피는[省察] 것을 성찰이라고 해요.

성찰
省 察
살필 성  살필 찰

### 평전
**評傳**
평할 평 전기문 전

한 사람의 일생을 적은 글에는 전기문 외에 평전, 자서전, 회고록도 있어요. 평전은 글쓴이의 평가[評]가 들어간 전기문[傳]이지요. 인물이 태어나서 죽을 때까지의 사건을 모두 담기보다 중요한 사건을 적고 그에 대한 글쓴이의 평가가 들어간답니다. 체 게바라 평전, 전태일 평전 등이 있지요.

### 자서전
**自敍傳**
스스로 자 말할 서 전기문 전

자서전은 평전과 다르게 스스로[自] 자신의 일생을 말하여[敍] 쓴 전기문[傳]이에요. 자(自)는 '스스로, 자신'이라는 뜻이고, 서(敍)는 '말하다, 쓰다'라는 뜻이지요.

### 회고록
**回顧錄**
돌 회 돌아볼 고 기록할 록

회고록은 사회적으로 중요했던 일을 돌이켜[回] 보며[顧] 적은 기록[錄]이에요. 예를 들어, 이승만 대통령이 자신의 일생을 기록했다면 자서전이 되겠지만, 자신의 경험을 토대로 대한민국 정부 수립을 기록했다면 회고록이 된답니다.

## 한자, 꼬리에 꼬리를 물고

✏️ 한자의 음을 ☐ 안에 써넣어 더 많은 단어를 알아보아요.

### 성[省] 살피다

1 명절에 조상의 산소를 찾아가 돌보는 일을 ☐묘라고 해요.

2 자신의 말과 행동에 잘못이 없는지 돌이켜 살피는 것을 반☐ 이라고 해요.

### 찰[察] 살피다

1 경☐관은 국민의 안전과 재산을 보호하지요.

2 사물을 잘 살펴보는 것을 관☐이라고 해요.

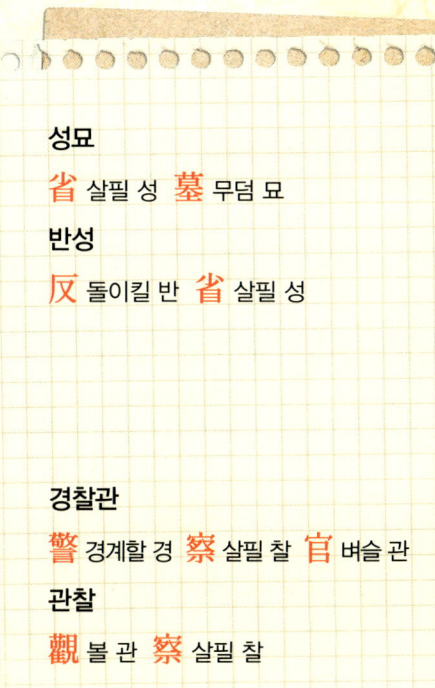

성묘
省 살필 성  墓 무덤 묘
반성
反 돌이킬 반  省 살필 성

경찰관
警 경계할 경  察 살필 찰  官 벼슬 관
관찰
觀 볼 관  察 살필 찰

### 콕콕! 단어 확인!

✏️ 다음 ☐ 안에 알맞은 단어를 써 보세요.

1 ☐☐☐은 한 사람이 겪었던 일생의 일을 전하여 기록한 글이다.

2 글쓴이의 평가가 들어간 전기문을 ☐☐이라고 한다.

3 ☐☐☐은 사회적으로 중요했던 일을 돌이켜 보며 적은 기록이다.

일생을 기록한 글, 전기문 51

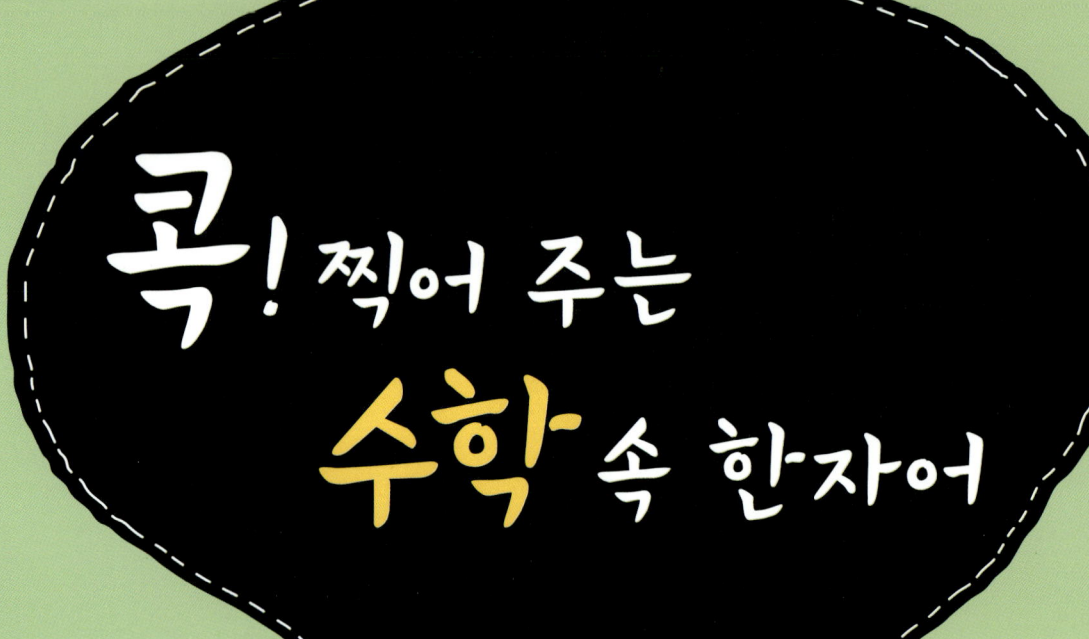

# 콕! 찍어 주는 수학 속 한자어

묶어 주는 수, **약수**     54

공통되는 약수, **공약수**     58

진짜 분수, **진분수**     62

분모가 서로 같아요, **통분**     66

합치니까 똑같아, **합동**     70

직사각형이 모이면? **직육면체**     74

열어 펼쳐봐, **전개도**     78

마주 보며 서로 걸맞은 **대칭**     82

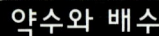
약수와 배수

# 묶어 주는 수, 약수

**짝수**
짝 數
숫자 수

홀짝 게임은 알지만, 홀수와 짝수의 뜻은 모른다고요? 짝수는 우리말 '짝'과 한자 '數(수)'가 만나서 이루어진 말이에요. 짝을 이루는 수[數]가 바로 짝수지요. 좀 더 구체적으로 말하면 2로 나누어떨어지는 수를 짝수라고 해요. 숫자가 0, 2, 4, 6, 8로 끝나면 짝수예요.

2 :  =

6 : 🍅🍅🍅🍅🍅🍅 = 🍅🍅  🍅🍅  🍅🍅

그럼 홀수는 뭘까요? 홀수는 우리말 '홀'과 한자어 '數(수)'가 만나서 이루어진 말이에요. 짝을 이루어도 항상 하나가 남는 수[數]로, 2로 나누면 나머지가 1인 수를 말합니다. 숫자가 1, 3, 5, 7, 9로 끝나면 홀수예요.

자, 아저씨는 수박 4통을 몇 통씩 묶어야 남는 것 없이 잘 나누어 줄 수 있을까요?

**1**통씩 묶으면 4묶음이 되고

**2**통씩 묶으면 2묶음이 되고

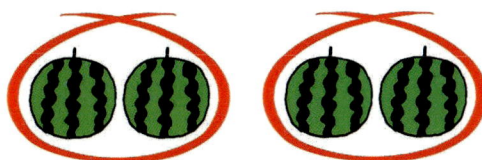

**4**통씩 묶으면 1묶음이 돼요.

### 약수
### 約數
묶을 약  숫자 수

1통씩 묶거나 2통씩 묶거나 4통씩 묶으면, 남는 수박 없이 묶이지요? 이때 1, 2, 4는 4의 나머지 없이 묶어[約] 주는 수[數], 약수가 되는 거예요.

그런데 왜 3은 4의 약수가 될 수 없을까요? 수박 4통을 3통씩 묶으면 1통이 남기 때문이지요. 나머지가 있으면 약수가 될 수 없어요. 또 약수 중에서 가장 작은 수는 1이 되고 가장 큰 수는 자기 자신이 된답니다.

### 배수
### 倍數
곱 배  숫자 수

배수는 곱절[倍]이 되는 수[數]를 말해요. 곱절은 일정한 수나 양을 그만큼 거듭한다는 말이에요. 배수의 가장 작은 수는 자기 자신이 되고, 큰 수는 무수히 많아서 끝을 알 수 없답니다.

| | | |
|---|---|---|
| 3의 1배 | 🥭🥭🥭 | = 3 |
| 3의 2배 | 🥭🥭🥭 🥭🥭🥭 | = 6 |
| 3의 3배 | 🥭🥭🥭 🥭🥭🥭 🥭🥭🥭 | = 9 |
| ⋮ | ⋮ | ⋮ |

## 한자, 꼬리에 꼬리를 물고

 한자의 음을 □ 안에 써넣어 더 많은 단어를 알아보아요.

### 약 [約] 약속

1. 미리 정한 □속은 지켜야 해요.
2. 선거 후보들은 다양한 선거 공□을 내세웠어요.

### 배 [倍] 곱

1. 현미경으로 물체를 볼 때 물체와 상과의 크기 비율을 □율이라고 해요.
2. 백□는 백 곱절이라는 뜻이에요.

---

**약속**
約 약속 약   束 약속할 속

**공약**
公 공 공   約 약속 약

**배율**
倍 곱 배   率 비율 률

**백배**
百 일백 백   倍 곱 배

---

## 콕콕! 단어 확인!

다음 □ 안에 알맞은 단어를 써 보세요.

1. 2로 나누어떨어지는 수를 □□라 하고 2로 나누어 나머지가 1인 수를 □□라 한다.

2. □□는 나머지 없이 묶어 주는 수이다.

3. 곱절이 되는 수를 □□라고 한다.

공약수와 공배수

# 공통되는 약수, 공약수

**공약수**
**公 約 數**
공공  묶을약  숫자수

공약수는 둘 이상의 수에 공통[公]되는 약수[約數]를 말해요. 공(公)은 '공통'이라는 뜻이고, 약수는 '어떤 수에서 나머지 없이 묶어 주는 수'를 말하지요. 공약수를 구하려면, 먼저 두 수의 약수를 구해야 해요. 그리고 똑같은 약수가 있다면! 그 수가 바로 공약수랍니다.

8과 12의 공약수를 찾아볼까요?

| 8의 약수 | 1 | 2 | 4 | 8 |
| 12의 약수 | 1 | 2 | 3 | 4 | 6 |

그럼 최대 공약수란 뭘까요? 최대는 '가장 크다'라는 뜻이므로 공통[公]된 약수[約數] 중 가장[最] 큰[大] 약수를 최대 공약수라고 합니다. 8과 12의 최대 공약수는 4가 되는 것처럼요.

**최대 공약수**
最 大 公 約 數
가장최 큰대 공공 묶을약 숫자수

```
8       = 2 × 2 × 2    8의 약수
12      = 2 × 2 × 3    12의 약수
2 × 2   = 4            공약수 2와 2를 곱하면 최대 공약수!
```

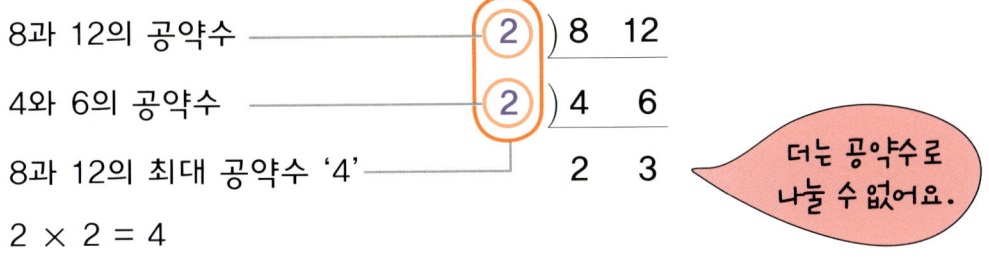

8과 12의 공약수 ─── 2 ) 8  12
4와 6의 공약수 ──── 2 ) 4  6
8과 12의 최대 공약수 '4' ──  2  3
2 × 2 = 4

더는 공약수로 나눌 수 없어요.

공약수를 알아봤으니 공배수를 알아볼까요? 공배수는 둘 이상의 수에 공통[公]되는 배수[倍數]를 말해요. 공(公)은 '공통'이라는 뜻이고, 배수는 '어떤 수의 곱절이 되는 수'를 말하지요.

**공배수**
公 倍 數
공공 곱배 숫자수

8과 12의 공배수를 찾아볼까요?

8과 12의 공배수는 24, 48… 아휴~ 끝도 없이 많아!

| 8의 배수 | 8 | 16 | 24 | 32 | 40 | 48 | 56 … |
| 12의 배수 | 12 | 24 | 36 | 48 | 60 … | | |

공통되는 약수, 공약수

## 최소 공배수
### 最小公倍數
가장 最  작을 小  공 公  곱 倍  숫자 數

최소는 '가장 작다'는 뜻이므로 공통[公]된 배수[倍數] 중 가장[最] 작은[小] 배수가 최소 공배수랍니다. 그럼, 8과 12의 최소 공배수는? 맞아요. 24가 최소 공배수지요.

| | | |
|---|---|---|
| 8 = 2 × 2 × 2 | | 8의 약수 |
| 12 = 2 × 2 × 3 | | 12의 약수 |
| 2 × 2 = 4 | | 8과 12의 최대 공약수에 |
| 2 × 2 × 2 × 3 = 24 | | 남은 약수를 모두 곱하면 최소 공배수! |

최소 공약수와 최대 공배수는 왜 없을까요?

최대 공약수 '4'
최소 공배수 '24'
2 × 2 × 2 × 3 = 24

```
2 ) 8  12
2 ) 4   6
    2   3
```

공약수 중 가장 작은 것은 항상 1이고, 공배수 중 가장 큰 것은 너무 커서 구할 수 없기 때문이지.

## 한자, 꼬리에 꼬리를 물고

✏️ 한자의 음을 ☐ 안에 써넣어 더 많은 단어를 알아보아요.

### 최[最] 가장

1 가장 높은 봉우리를 ☐고봉이라고 해요.
2 가장 남쪽 끝을 ☐남단이라고 해요.

**최고봉**
最 가장 최  高 높을 고  峰 봉우리 봉

**최남단**
最 가장 최  南 남녘 남  端 끝 단

### 대[大] 크다, 많다

1 한없이 큰 것을 무한☐라고 해요.
2 식구 수가 많은 가족을 ☐가족이라고 해요.

**무한대**
無 없을 무  限 한계 한  大 큰 대

**대가족**
大 많을 대  家 집 가  族 겨레 족

### 콕콕! 단어 확인!

✏️ 다음 ☐ 안에 알맞은 단어를 써 보세요.

1 둘 이상의 수에 공통되는 약수를 ☐☐☐라고 한다.

2 공배수 중 가장 작은 배수를 ☐☐ ☐☐☐라고 한다.

✏️ 다음 수의 최대 공약수와 최소 공배수를 구해 보세요.

⑫  
㊱  
최대 공약수(　　　　　)  
최소 공배수(　　　　　)

분수의 종류

# 진짜 분수, 진분수

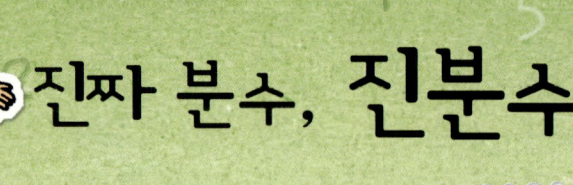

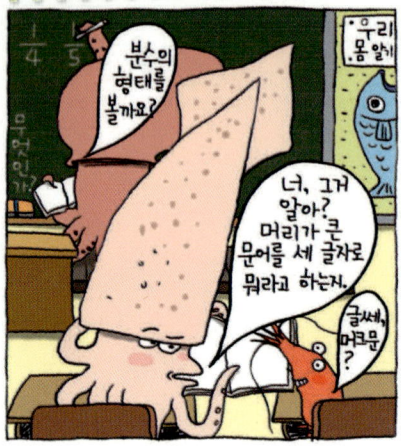
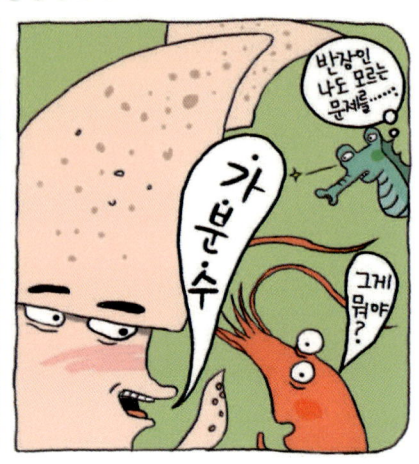

**진분수**
**眞 分 數**
참 진  나눌 분  숫자 수

아이스크림 하나를 둘로 나누면, 전체 둘 중 하나는 $\frac{1}{2}$이 되지요? 이렇게 분수는 전체에 대한 부분을 나타내는 수랍니다. '분모보다 분자가 작다.'라는 분수의 약속대로 분자가 분모보다 작은 진짜[眞] 분수[分數]를 진분수라고 해요. 진(眞)은 '참'이라는 뜻이에요.

62 수학

그럼 가짜 분수도 있나요? '분모보다 분자가 작다.'라는 원래 약속과 달리 분자가 분모보다 큰 가짜[假] 분수[分數]를 가분수라고 하지요.

**가분수**
假 分 數
거짓 가  나눌 분  숫자 수

가분수는 분자가 너무 무거워서 다르게 변신할 수도 있어요. 예를 들어, $\frac{5}{4}$는 $\frac{4}{4}$에 $\frac{1}{4}$을 합친 것과 같아요. $\frac{4}{4}$는 1과 같지요. 그러니까 $\frac{5}{4}$는 $1\frac{1}{4}$로 변신할 수 있답니다. 이렇게 생긴 분수는 자연수 띠[帶]를 두른 분수[分數]라고 해서 대분수라고 하지요. 대(帶)는 '띠'라는 뜻이에요. 그리고 자연수와 진분수가 섞여[混] 있는 분수[分數]라 혼분수라고도 한답니다.

**대분수**
帶 分 數
띠 대  나눌 분  숫자 수

**혼분수**
混 分 數
섞을 혼  나눌 분  숫자 수

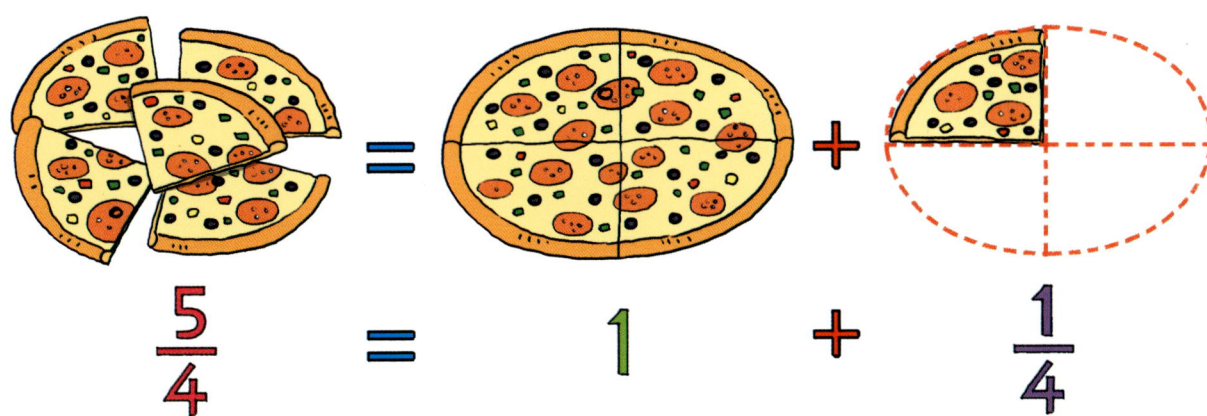

$$\frac{5}{4} = 1 + \frac{1}{4}$$

진짜 분수, 진분수

## 단위 單位
홑 단　자리 위

## 단위 분수 單位分數
홑 단　자리 위　나눌 분　숫자 수

단위라는 말은 하나[單]를 구성하는 기본 자리[位]라는 뜻이지요? 한 뼘, 한 걸음, 한 통, 한 병처럼 어떤 수량을 나타내는 기준을 말한답니다. 따라서 단위 분수라고 하면 단위[單位]가 되는 분수[分數]를 말해요. $\frac{1}{2}, \frac{1}{3}, \frac{1}{4}$ 등과 같이 분자가 1인 분수가 단위 분수지요. $\frac{2}{4}$ 는 단위 분수 $\frac{1}{4}$ 을 두 번 합친 분수랍니다.

$$\frac{2}{4} = \frac{1}{4} + \frac{1}{4}$$

분자가 1인 분수가 단위 분수야!

---

'옹달샘' 노래에 맞춰 〈진분수와 가분수 송〉을 불러 보세요.

### 진분수와 가분수 송

진짜 분~수 진분수 가짜 분수 가분수

분자와 분모의 크기~를 알면은

진분수인지 가분순지 쉽게 알 수 있어요.

진분수인지 가분순지

## 한자, 꼬리에 꼬리를 물고

✏️ 한자의 음을 ☐ 안에 써넣어 더 많은 단어를 알아보아요.

### 단[單] 홑

1. 혼자서 칼을 휘두르고 거침없이 적진으로 쳐들어간다는 뜻으로, 요점만 간단히 말하는 것을 ☐도직입이라고 해요.
2. 단순하고 손쉬운 것을 간☐이라고 해요.

### 위[位] 자리

1. 일정한 곳에 자리를 차지하는 것을 ☐치라고 해요.
2. 동서남북을 기준으로 방향을 정한 위치를 방☐라고 해요.

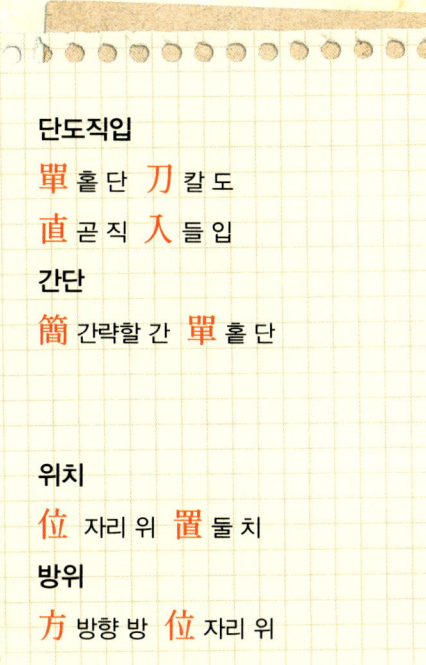

단도직입
單 홑 단　刀 칼 도
直 곧 직　入 들 입
간단
簡 간략할 간　單 홑 단

위치
位 자리 위　置 둘 치
방위
方 방향 방　位 자리 위

콕콕! 단어 확인!

✏️ 다음에서 설명하는 단어를 보기에서 골라 써 보세요.

| 보기 | 진분수　가분수　대분수 |

- 분자가 분모보다 큰 가짜 분수
( 　　　 )

- 분자가 분모보다 작은 진짜 분수
( 　　　 )

- 자연수 띠를 두른 분수
( 　　　 )

진짜 분수, 진분수

약분과 통분

# 분모가 서로 같아요, 통분

| 약분 |
|:---:|
| 約 分 |
| 묶을 약  나눌 분 |

약분에서 약(約)은 '공약수'를 뜻해요. 따라서 분수를 공약수[約]로 나누는[分] 것이 약분이지요. 약분은 분자와 분모를 공약수로 나누어 같은 크기의 분수로 만들어요. 분수를 약분하면 분수의 계산을 쉽게 할 수 있지요.

$\frac{4}{8}$를 약분해 볼까요?

① 분자 4와 분모 8의 공약수를 구해요.

4의 약수: 1, 2, 4

8의 약수: 1, 2, 4, 8

4와 8의 공약수: 1, 2, 4

1로 나눠 봤자 똑같은 수가 나오니까 헛수고예요.

② 분자와 분모를 1을 제외한 공약수로 나눠요.

$\frac{4}{8} = \frac{4 \div 2}{8 \div 2} = \frac{2}{4}$    $\frac{4}{8} = \frac{4 \div 4}{8 \div 4} = \frac{1}{2}$

$\frac{4}{8}$를 약분한 $\frac{2}{4}$, $\frac{1}{2}$이 모두 크기가 같다는 걸 알 수 있지요?

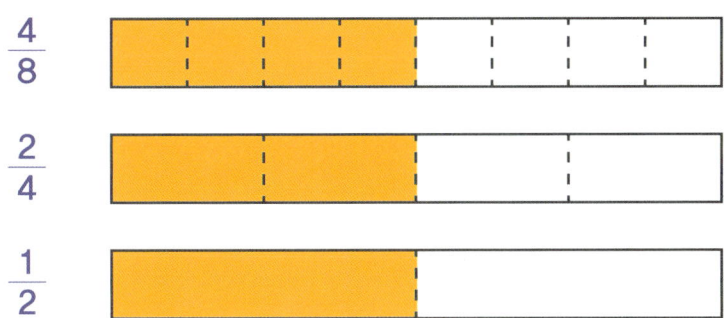

분수를 약분하다 보면 분모와 분자의 공약수가 1밖에 없는 분수가 돼요. 이렇게 이미[旣] 약분되어[約] 더 이상 약분할 수 없는 분수[分數]를 기약 분수라고 합니다. 분모와 분자에 그들의 최대 공약수로 나누면 바로 기약 분수가 되지요.

### 기약 분수
### 旣 約 分 數
이미 기  묶을 약  나눌 분  숫자 수

그런데 분수의 크기를 비교하려면 어떻게 하면 될까요? 분수의 크기를 비교하려면 먼저 분모를 같게 해 줘야 해요. 둘 이상의 분수의 분모[分]를 서로 같게[通] 하는 것이 통분이지요.

### 통분
### 通 分
통할 통  나눌 분

$$\frac{1}{2} = \frac{1 \times 3}{2 \times 3} = \frac{3}{6} \quad < \quad \frac{2}{3} = \frac{2 \times 2}{3 \times 2} = \frac{4}{6}$$

### 공통분모
### 共通分母
한가지 **공** 통할 **통** 나눌 **분** 어머니 **모**

그리고 통분[通]하여 똑같아진[共] 분모[分母]를 공통분모라고 하지요. 분수를 통분하면 분수의 크기를 비교하거나 분수의 덧셈, 뺄셈을 쉽게 할 수 있어요.

$$\frac{2}{4}, \frac{5}{6} = \frac{2\times6}{4\times6}, \frac{5\times4}{6\times4} = \frac{12}{24}, \frac{20}{24}$$

$$\frac{2}{4}, \frac{5}{6} = \frac{2\times3}{4\times3}, \frac{5\times2}{6\times2} = \frac{6}{12}, \frac{10}{12}$$

두 분모를 서로 곱하면 공통분모가 되지.

분모의 최소 공배수를 이용하여 통분할 수 있어요.

'태극기' 노래에 맞춰 〈약분과 통분 송〉을 불러 보세요.

## 약분과 통분 송

1. 분모 분자 공약수 구해 가지고
   분모 분자 나~누는 게 약분이지요.

2. 분모끼리 곱하면 통분되고요
   통~분한 분~모가 공통분모죠.

## 한자, 꼬리에 꼬리를 물고

✏️ 한자의 음을 ☐ 안에 써넣어 더 많은 단어를 알아보아요.

### 분 [分] 나누다

1. 자석을 이용하면 모래 속에서 쇳가루를 ☐리할 수 있어요.
2. 역사의 흐름을 기준에 따라 나누는 일을 시대 구☐이라고 해요.

### 모 [母] 어머니

1. 자기 나라의 말을 가리켜 ☐국어라고 해요.
2. 자식에 대한 어머니의 사랑을 ☐성애라고 해요.

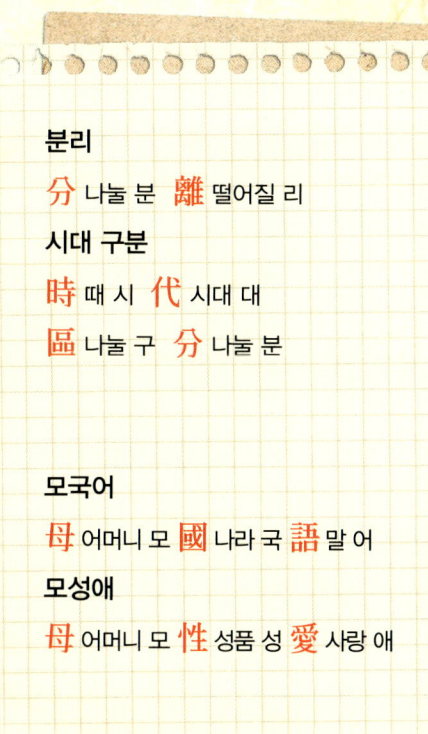

분리
分 나눌 분  離 떨어질 리

시대 구분
時 때 시  代 시대 대
區 나눌 구  分 나눌 분

모국어
母 어머니 모  國 나라 국  語 말 어

모성애
母 어머니 모  性 성품 성  愛 사랑 애

## 콕! 콕! 단어 확인!!

✏️ 다음 설명의 알맞은 단어에 ○ 해 보세요.

분수를 공약수로 나누는 것을 (약분, 통분)이라 하며, 약분하여 분모와 분자의 공약수가 1밖에 없는 분수를 (기약 분수, 공통분모)라고 한다.

✏️ 다음 ☐ 안에 알맞은 단어를 써 보세요.

서로 다른 분수의 분모를 같게 만드는 일을 ☐☐한다고 한다.

분모가 서로 같아요, 통분

도형의 합동

# 합치니까 똑같아, 합동

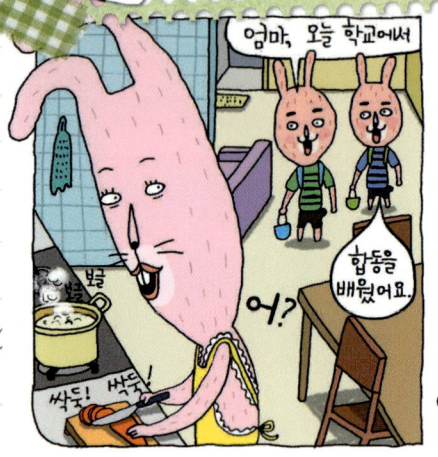

**도형**
**圖 形**
그림 도  모양 형

도형의 도(圖)는 '그림'이라는 뜻이고, 형(形)은 '모양'이라는 뜻이에요. 두 글자가 만나면 '그림[圖]의 모양[形]'이라는 뜻이 생기지요. 수학에서 도형은 점, 선, 면으로 이루어진 것으로, 삼각형, 사각형, 원, 삼각뿔, 원기둥 등이 있어요.

서로 포개었을 때 하나인 것처럼 완전히 겹쳐지는 두 도형이 있어요. 이때 '두 도형은 서로 합동이다.'라고 하지요. 합(合)은 '합하다'라는 뜻이고, 동(同)은 '같다'라는 뜻이에요. 그래서 모양과 크기가 같아 합쳤을[合] 때 꼭 같아지는[同] 것을 합동이라고 말해요.

**합동**
合 同
합할 합  같을 동

다음 도형과 합동인 것을 찾아 ○ 해 보세요.

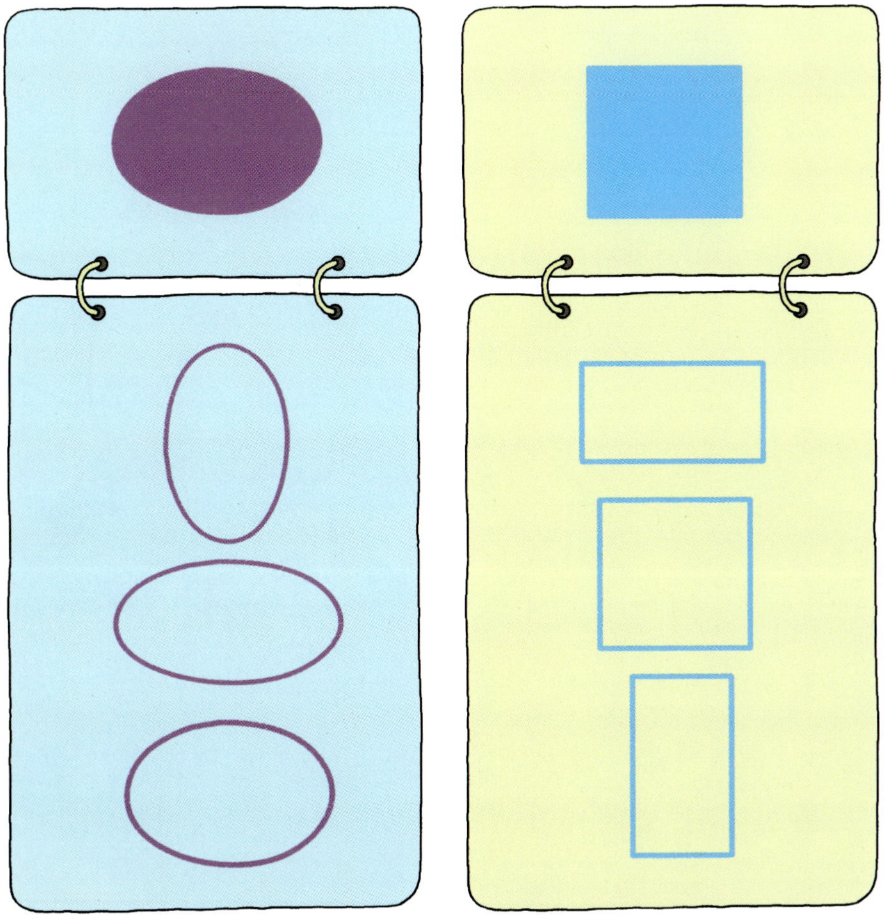

합동인 두 도형에는 같은 자리에서 짝을 이루는 요소들이 있어요. 두 대상이 서로 마주 보고[對] 호응[應] 되는 것을 대응이라 하지요. 즉 서로 겹치는 부분이 대응한다고 보면 된답니다.

**대응**
對 應
마주할 대  응할 응

### 대응점
### 對應點
마주할 대  응할 응  점 점

두 도형이 합동되었을 때 대응[對應]하는 꼭짓점[點]을 대응점이라고 해요.

### 대응변
### 對應邊
마주할 대  응할 응  가 변

두 도형이 합동되었을 때 대응[對應]하는 변[邊]을 대응변이라고 해요. 변은 도형의 가장자리 선분을 말하지요.

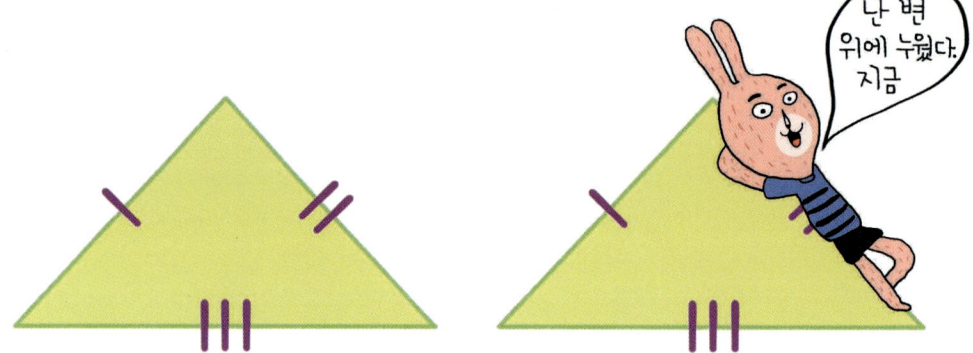

### 대응각
### 對應角
마주할 대  응할 응  각 각

두 도형이 합동되었을 때 대응[對應]하는 각[角]을 대응각이라고 해요. 각은 선과 선, 면과 면이 만나 생기는 모서리를 말하지요.

## 한자, 꼬리에 꼬리를 물고

 한자의 음을 ☐ 안에 써넣어 더 많은 단어를 알아보아요.

### 대 [對] 마주하다, 대하다

1 어떤 의견에 찬성하지 않고 맞서는 것을 반☐라고 해요.

2 상대가 묻는 말에 대하여 답하는 말을 ☐답이라고 해요.

### 응 [應] 응하다

1 시험에 응하는 것을 ☐시라고 해요.

2 손님을 맞아들여 대접하기 위해 꾸며 놓은 방을 ☐접실이라고 해요.

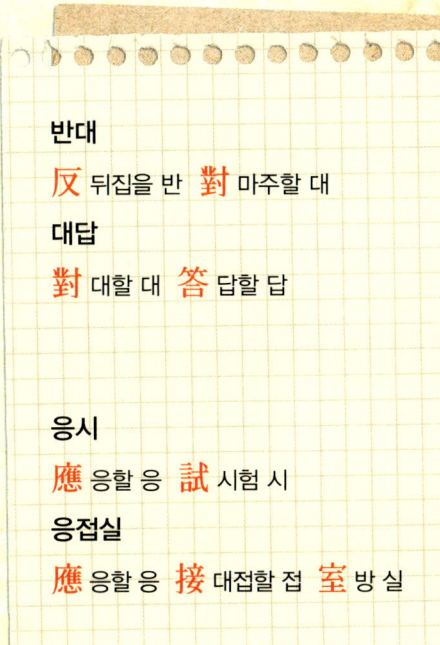

반대
反 뒤집을 반  對 마주할 대

대답
對 대할 대  答 답할 답

응시
應 응할 응  試 시험 시

응접실
應 응할 응  接 대접할 접  室 방 실

## 콕! 콕! 단어 확인!

 다음 ☐ 안에 알맞은 단어를 써 보세요.

1 삼각형, 사각형, 원, 원기둥 등을 ☐☐이라고 한다.

2 모양과 크기가 같아 합쳤을 때 꼭 같은 도형을 ☐☐이라 한다.

3
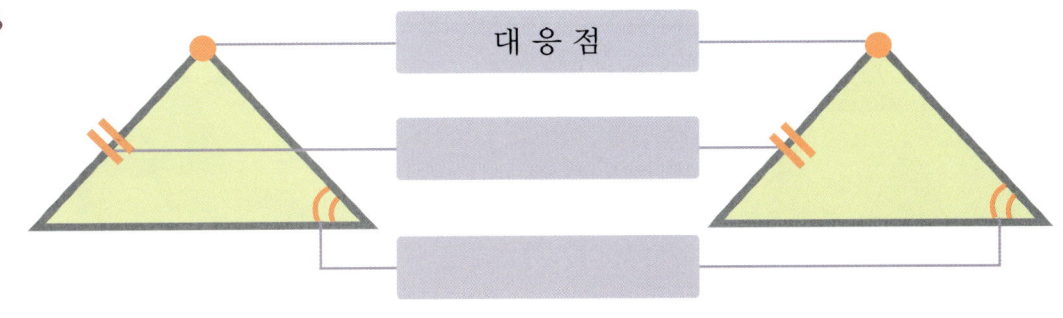

대 응 점

합치니까 똑같아, 합동

**직육면체와 정육면체**

# 직사각형이 모이면? 직육면체

**다면체**
**多 面 體**
많을 다  면 면  모양 체

삼각형, 사각형은 알겠는데 다면체는 도대체 뭘까요? 다면체는 여러[多] 개의 평면[面]으로 둘러싸인 입체[體] 도형이에요. 면(面)은 '얼굴, 평면'을 뜻하고, 체(體)는 원래 '몸'을 뜻하는 말이지만 여기서는 '모양, 입체'라는 뜻으로 쓰인답니다. 다면체는 최소한 4개 이상의 면이 필요해요. 네 면이 모이면 사면체, 다섯 면이 모이면 오면체, 여섯 면이 모이면 육면체가 되지요.

다음 물체 중 다면체가 아닌 것을 찾아볼까요?

정답은 바로 둥근 공과 피자예요. 원이나 곡선으로 이루어진 물체는 다면체가 될 수 없답니다. 왜냐하면, 다면체는 다각형으로 이루어지기 때문이죠. 자~ 핵심은 각!

다면체 중 직육면체는 직[直]사각형으로 된 여섯[六] 개의 면[面]으로 둘러싸인 입체[體] 도형을 말해요. 직육면체는 세 쌍의 마주 보는 면이 서로 평행하답니다. 우리는 생활 속에서 직육면체를 자주 보는데요, 과일 상자, 사전, 책 등도 모두 직육면체예요.

**직육면체**
**直 六 面 體**
곧을 직  여섯 륙  면 면  모양 체

직사각형이 모이면? **직육면체**

## 정육면체
### 正 六 面 體
바를 정 · 여섯 륙 · 면 면 · 모양 체

정육면체는 정[正]사각형으로 된 여섯[六] 개의 면[面]으로 둘러싸인 입체[體] 도형을 말해요. 정육면체는 밑면과 옆면의 크기가 모두 같고 각 꼭짓점에 모이는 면의 수가 모두 같은 정다면체 중 하나예요. 또 정사각형은 직사각형의 성질을 가지므로 정육면체도 직육면체의 하나라고 할 수 있지요.

### 직육면체와 정육면체의 특징

| 특징 \ 도형 | 직육면체 | 정육면체 |
|---|---|---|
| 면의 모양 | 직사각형 | 정사각형 |
| 면의 수 | 6개 | 6개 |
| 모서리의 수 | 12개 | 12개 |
| 모서리의 길이 | 서로 다름. | 모두 같음. |
| 꼭짓점의 수 | 8개 | 8개 |

## 한자, 꼬리에 꼬리를 물고

한자의 음을 □ 안에 써넣어 더 많은 단어를 알아보아요.

### 정[正] 바르다

1 태도가 정당하고 떳떳한 것을 □□당당이라고 해요.
2 공평하고 올바른 것을 공□이라고 해요.

### 직[直] 곧다

1 두 직선이 만나 이루는 90°의 각을 □각이라고 해요.
2 앞으로 곧게 나아가는 것을 □진이라고 해요.

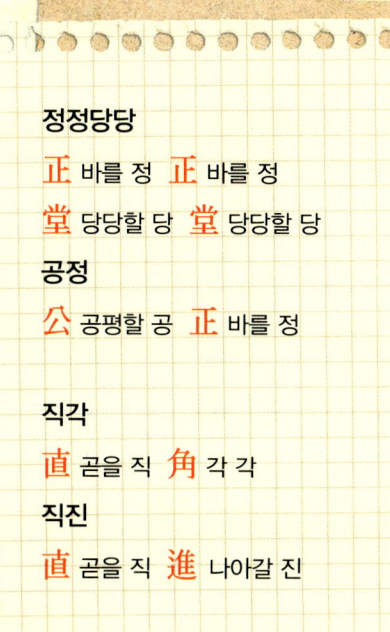

**정정당당**
正 바를 정  正 바를 정
堂 당당할 당  堂 당당할 당

**공정**
公 공평할 공  正 바를 정

**직각**
直 곧을 직  角 각 각

**직진**
直 곧을 직  進 나아갈 진

## 콕!콕! 단어 확인!

다음 □ 안에 알맞은 단어를 써 보세요.

1 여러 개의 평면으로 둘러싸인 입체 도형을 □□□라고 한다.

2 네 면이 모이면 □□□, 다섯 면이 모이면 □□□라고 한다.

3

 □육면체

 □육면체

직사각형이 모이면? 직육면체

전개도와 겨냥도

# 열어 펼쳐봐, 전개도

**면**
**面**
겉 면

'직육면체 안은 어떻게 생겼을까?' '펼치면 어떤 모양일까?'라고 궁금한 적이 있지요? 먼저, 직육면체는 여섯 개의 면이 모여 이루어져요. 면(面)은 '얼굴'이라는 뜻도 있지만, '겉, 표면'이라는 뜻도 있어요. 그래서 수학에서 면은 선으로 둘러싸인 도형의 겉면[面]을 말하지요.

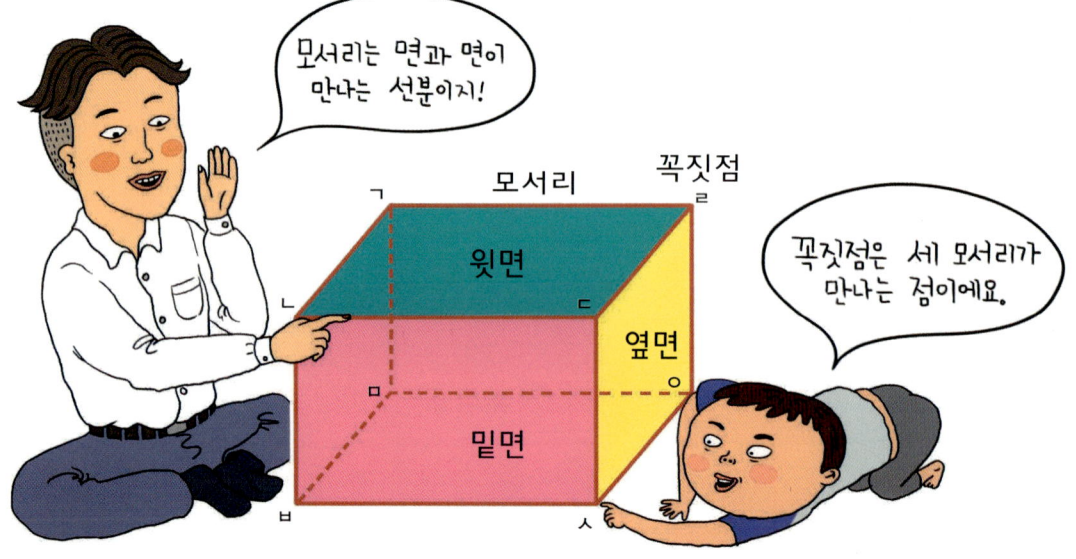

직육면체에서 마주 보는 두 면처럼 계속 늘여도 만나지 않는 두 면을 '서로 평행하다.'라고 해요. 평행은 두 면이나 선이 평평하게[平] 지나가서[行] 계속 만나지 않는 상태예요. 면ㄱㄴㄷㄹ과 면ㅁㅂㅅㅇ은 '평행인 면'으로, 직육면체에서 평행인 면은 모두 세 쌍이 존재한답니다.

**평행**
**平 行**
평평할 평  갈 행

'수직인 면'은 뭘까요? 면ㄱㄴㄷㄹ과 면ㄴㅂㅅㄷ은 '서로 수직 한다.'라고 해요. 수직은 두 면이나 선이 똑바로[直] 만나 드리운[垂] 상태를 말해요. 수(垂)는 '드리우다, 내려오다'라는 뜻이고, 직(直)은 '곧다'라는 뜻이지요. 수직인 면이나 선은 직각을 이루며, 직육면체의 한 면에서 수직인 면은 모두 네 곳이 존재하지요.

**수직**
**垂 直**
드리울 수  곧을 직

열어 펼쳐봐, 전개도

### 전개도
### 展開圖
펼 전  열 개  그림 도

여섯 면으로 둘러싸인 직육면체를 펼치면 어떤 모양이 나올까요? 도형을 열어서[開] 펼쳐[展] 놓은 그림[圖]을 전개도라고 해요. 전개도에서 접힌 부분은 점선으로 나타내고 잘린 부분은 실선으로 나타낸답니다. 한 도형에서 전개도는 여러 가지가 나올 수 있어요.

또 입체 도형을 평면에 표현할 수도 있어요. 입체 도형의 보이지 않는 면까지 알 수 있도록 그린 그림을 겨냥도라고 말해요. 그래서 보이는 모서리는 실선으로, 보이지 않는 모서리는 점선으로 나타내지요. 겨냥도는 보는 위치에 따라 모양도 달라지며 다양하게 표현할 수 있어요.

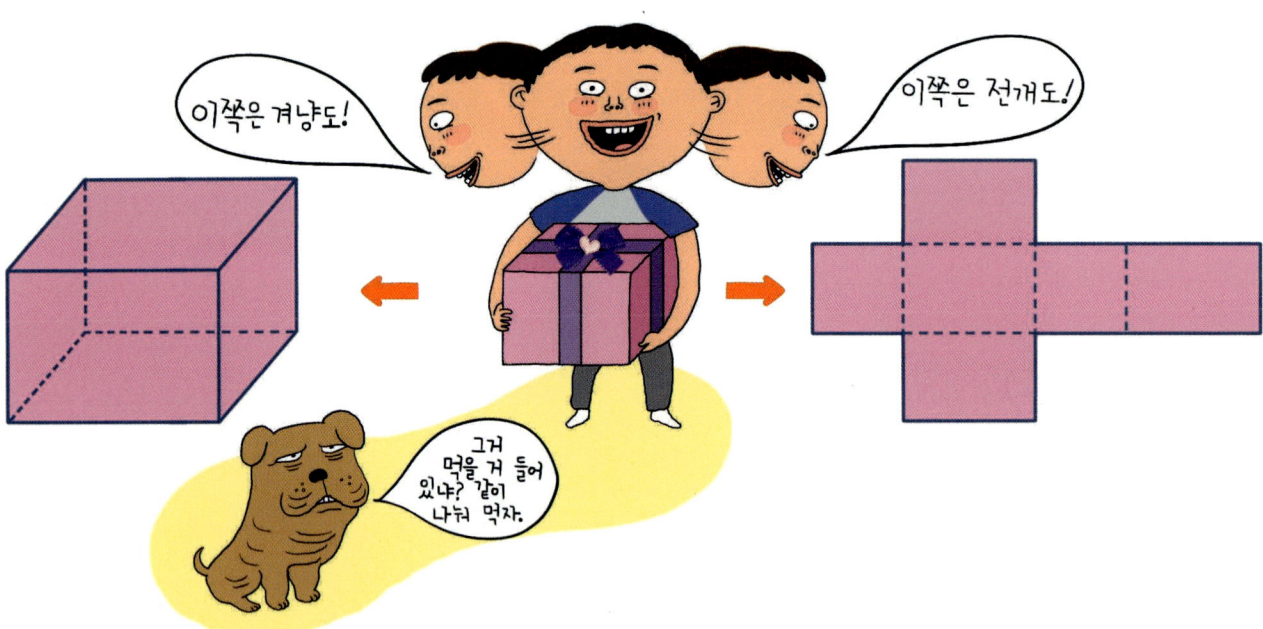

## 한자, 꼬리에 꼬리를 물고

✏️ 한자의 음을 ☐ 안에 써넣어 더 많은 단어를 알아보아요.

### 평[平] 평평하다

1. 평평하고 너른 들을 ☐야라고 해요.
2. 어느 쪽으로도 치우치지 않고 고른 것을 공☐이라고 해요.

### 행[行] 가다, 하다

1. 산☐은 산길을 걸어가는 것이지요.
2. 어떤 일을 시행하는 것을 ☐사라고 해요.

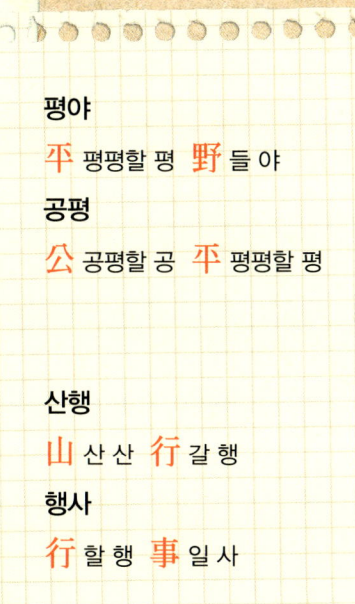

평야
平 평평할 평  野 들 야
공평
公 공평할 공  平 평평할 평

산행
山 산 산  行 갈 행
행사
行 할 행  事 일 사

콕콕! 단어 확인!

✏️ 다음 ☐ 안에 알맞은 단어를 써 보세요.

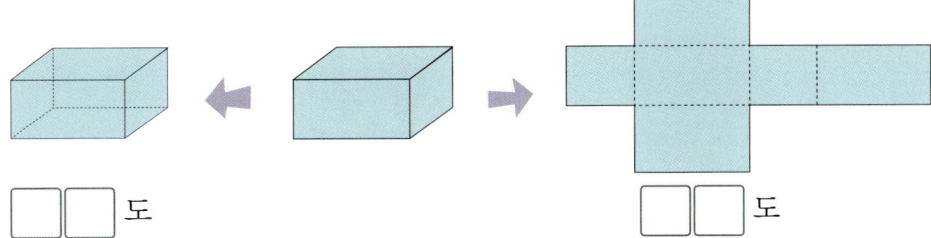

☐☐도          ☐☐도

✏️ 다음 설명의 알맞은 단어에 ◯ 해 보세요.

1. 두 면이나 선이 똑바로 만나 드리운 상태를 (수직, 평행)이라고 한다.
2. 두 면이나 선이 평평하게 지나가서 계속 만나지 않는 상태를 (수직, 평행)이라고 한다.

열어 펼쳐봐, 전개도

대칭인 도형

# 마주 보며 서로 걸맞은 대칭

**대칭**
**對 稱**
마주할 대  걸맞을 칭

한쪽에만 그림을 그리고 종이를 접었다 펼치면 똑같은 모양이 다른 쪽에도 생기지요? 왜냐하면, 대칭의 원리가 숨어 있기 때문이에요. 대칭이란 점·선·면을 사이에 두고 서로 마주하는[對] 것이 걸맞은[稱] 자리에 놓이는 것이지요. 대칭은 한 도형 안에서 이루어지기도 하고 두 도형끼리 대칭을 이루기도 해요.

좌우를 똑같이 그리면 어떤 그림이 나올까요? 위 그림은 직선을 사이에 두고 접었을 때 완전히 서로 겹쳐지게 된답니다. 이때 대칭[對稱]이 되게 하는 직선이나 축[軸]을 대칭축이라 하지요.

**대칭축**
**對 稱 軸**
마주할 대 걸맞을 칭 축 축

축(軸)은 수레바퀴 가운데 끼우는 긴 막대를 말해요. 만약 수레에 축이 없으면 제대로 굴러다니지 못해요. 그래서 후에 '중심'이라는 뜻이 생겼답니다.

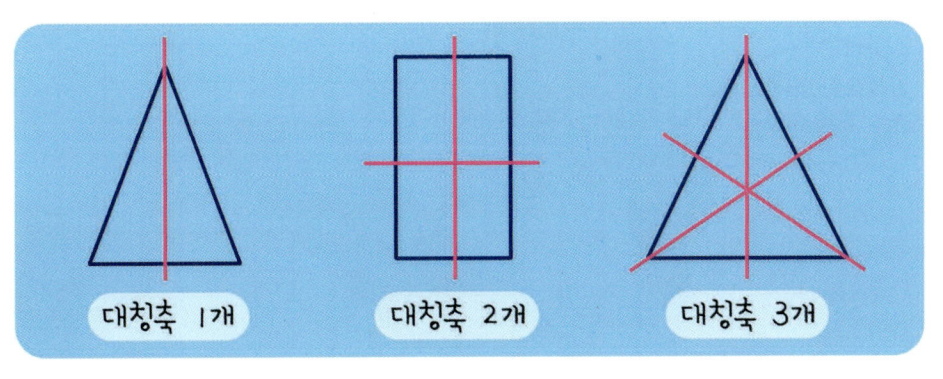

## 선대칭 도형
### 線 對 稱 圖 形
선 **선** 마주할 **대** 걸맞을 **칭** 그림 **도** 모양 **형**

한 선[線]을 중심으로 서로 대칭[對稱]인 도형[圖形]을 선대칭 도형이라고 한답니다. 가운데 대칭축을 중심으로 양쪽은 완전히 대칭을 이루지요.

## 점대칭 도형
### 點 對 稱 圖 形
점 **점** 마주할 **대** 걸맞을 **칭** 그림 **도** 모양 **형**

한 점[點]을 중심으로 서로 대칭[對稱]인 도형[圖形]을 점대칭 도형이라고 해요. 점대칭 도형은 한 점을 중심으로 180° 돌렸을 때 처음 도형과 완전히 겹쳐진답니다. 이때 한 점을 '대칭의 중심'이라고 해요.

## 한자, 꼬리에 꼬리를 물고

✏️ 한자의 음을 ☐ 안에 써넣어 더 많은 단어를 알아보아요.

### 점 [點] 점수, 점

1 시험 문제를 다 맞히면 만☐을 받지요.
2 비거나 허술한 부분을 허☐이라고 해요.

### 선 [線] 줄

1 휴대 전화기는 전화선이 없으므로 무☐ 전화기지요.
2 빛의 줄기를 광☐이라고 해요.

**만점**
滿 찰 만  點 점수 점
**허점**
虛 빌 허  點 점 점

**무선**
無 없을 무  線 줄 선
**광선**
光 빛 광  線 줄 선

## 콕콕! 단어 확인!

✏️ 다음 ☐ 안에 알맞은 단어를 써 보세요.

1 점·선·면을 사이에 두고 서로 마주하는 것이 걸맞은 자리에 놓이는 것을 ☐☐이라고 한다.

2 대칭이 되게 하는 직선이나 축을 ☐☐☐이라고 한다.

✏️ 다음 설명의 알맞은 단어에 ○ 해 보세요.

한 점을 중심으로 서로 대칭인 도형을 (점대칭 도형, 선대칭 도형)이라고 하고,
한 선을 중심으로 서로 대칭인 도형을 (점대칭 도형, 선대칭 도형)이라고 한다.

마주 보며 서로 걸맞은 대칭

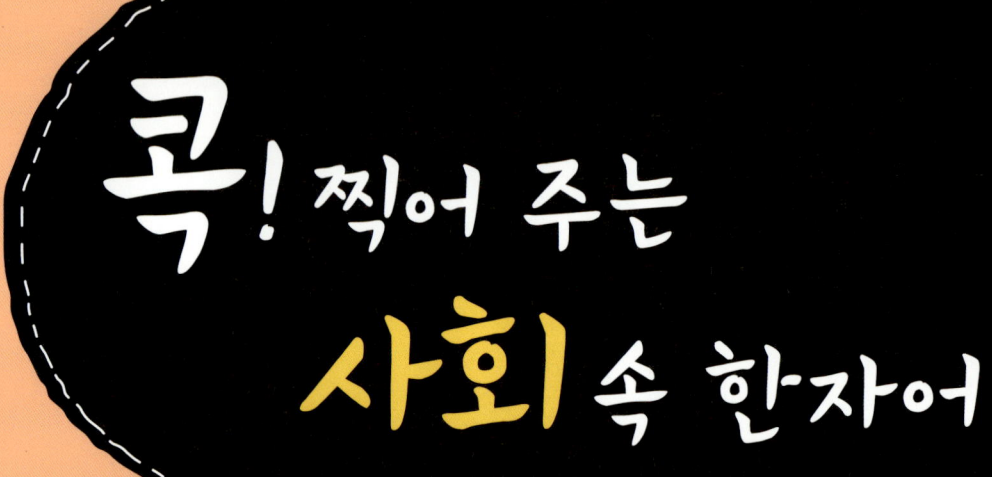

| 선인들이 남긴 발자취, **유적** | 88 |
| 옛 조선, **고조선** | 92 |
| 나라를 세우자, **건국** | 96 |
| 골과 두품으로 나눈 **골품 제도** | 100 |
| 남겨진 백성, **유민** | 104 |
| 사이좋게 지내자, **화친** | 108 |
| 글 읽는 신하, **문신** | 112 |
| 쇠로 만든 활자, **금속 활자** | 116 |
| 돌아온 군대, **위화도 회군** | 120 |
| 조선의 생각, **유교 사상** | 124 |
| 두 개의 큰 난리, **양란** | 128 |
| 빛을 되찾은 날, **광복절** | 132 |

선사 시대의 유물·유적

# 선인들이 남긴 발자취, 유적

**선사 시대**
**先 史 時 代**
먼저 선  역사 사  때 시  시대 대

일 년 전 일기를 보면 '아, 이런 일이 있었지!' 하고 생각이 나지요. 옛사람들도 무슨 일을 했었는지 알 수 있게 기록을 했답니다. 문자로 기록했던 시대를 '역사 시대'라고 하지요. 그런데 아주 옛날에는 문자가 없어 기록할 수 없었답니다. 그 시대를 '선사 시대'라고 해요. 선사 시대는 역사[史] 시대보다 앞선[先] 시대[時代]를 말해요.

그러면 우리가 선사 시대 생활을 알 방법은 없을까요? 그 시대의 기록은 없지만, 선인들이 남긴 유물과 유적으로 그 시대 사람들의 생활을 미루어 짐작할 수 있답니다.

유물은 옛사람들이 남긴[遺] 물건[物]을 말해요. 그릇이나 도자기, 책, 무기 같은 부피가 작고 옮길 수 있는 것을 말하지요. 유물은 잘 보존하기 위해 '국립 중앙 박물관', '국립 민속 박물관' 등 여러 박물관으로 옮겨 보관한답니다.

빗살무늬 토기

백제 금동 대향로

유적은 옛사람들이 남긴[遺] 발자취[跡]를 말해요. 궁궐, 조개더미, 무덤, 발자국 등 부피가 커서 옮길 수 없는 것들이지요. 유적은 지상에 있을 수도 있고 지하에 있을 수도 있어요.

고인돌

경회루

### 구석기
## 舊 石 器
오랠 구　돌 석　도구 기

선사 시대는 사용한 도구에 따라 '구석기 시대', '신석기 시대', '청동기 시대'로 구분한답니다. 처음에 사람들은 돌을 깨 뭉툭하고 투박한 도구를 만들어 사용했어요. 후에 점차 날렵한 도구들이 등장하면서 이 도구들은 '오래된[舊] 돌[石] 도구[器]'라는 뜻인 구석기로 불리게 되었지요.

### 신석기
## 新 石 器
새 신　돌 석　도구 기

사람들은 좀 더 정확하게 사냥을 하고자 돌을 갈아 도구를 만들었어요. 그래서 이 시대 도구들은 뾰족하고 날카로운 모습이랍니다. 신석기라고 부르는데 '새로운[新] 돌[石] 도구[器]'라는 뜻이에요.

### 청동기
## 靑 銅 器
푸를 청　구리 동　도구 기

시간이 지나자 사람들은 돌 대신 구리와 주석을 섞은 청동기를 사용했어요. 청동기는 '청동[靑銅]으로 만든 도구[器]'로, 이것을 사용한 시기를 청동기 시대라고 합니다.

## 한자, 꼬리에 꼬리를 물고

✏️ 한자의 음을 ☐ 안에 써넣어 더 많은 단어를 알아보아요.

### 선 [先] 먼저

1 미리 앞을 내다보고 아는 지혜를 ☐견지명이라고 해요.

2 이미 마음속에 품은 생각을 ☐입견이라고 하지요.

### 사 [史] 역사

1 역사 연구에 필요한 문헌이나 유물·건축·조각 등을 ☐료라고 해요.

2 나라의 역사를 국☐라고 해요.

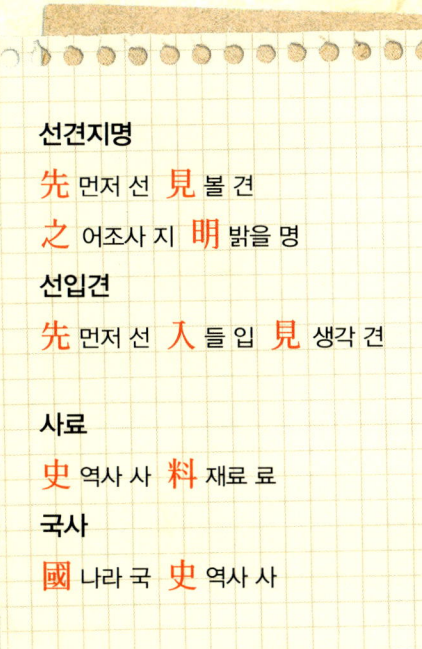

**선견지명**
先 먼저 선  見 볼 견
之 어조사 지  明 밝을 명

**선입견**
先 먼저 선  入 들 입  見 생각 견

**사료**
史 역사 사  料 재료 료

**국사**
國 나라 국  史 역사 사

### 콕콕! 단어 확인!

✏️ 다음 ☐ 안에 알맞은 단어를 써 보세요.

1 역사 시대보다 앞선 시대를 ☐☐ 시대라고 한다.

2 선사 시대 사람들의 생활은 ☐☐과 ☐☐을 통해 알 수 있다.

3

```
        구석기 시대
             |
          선사 시대
         /        \
   ☐☐☐ 시대    ☐☐☐ 시대
```

선인들이 남긴 발자취, 유적  **91**

**고조선과 단군**

# 옛 조선, 고조선

### 고조선
### 古朝鮮
옛 고  아침 조  신선할 선

조선이라는 나라를 들어 본 적 있나요? 고려가 망하고 이성계가 세운 조선! 그런데 조선이 세워지기 훨씬 전에도 '조선'이라는 나라가 있었답니다. 그 나라는 아주 오래전에 세워졌기 때문에 '오래[古]전에 세운 조선[朝鮮]'이라는 뜻인 고조선으로 부른답니다.

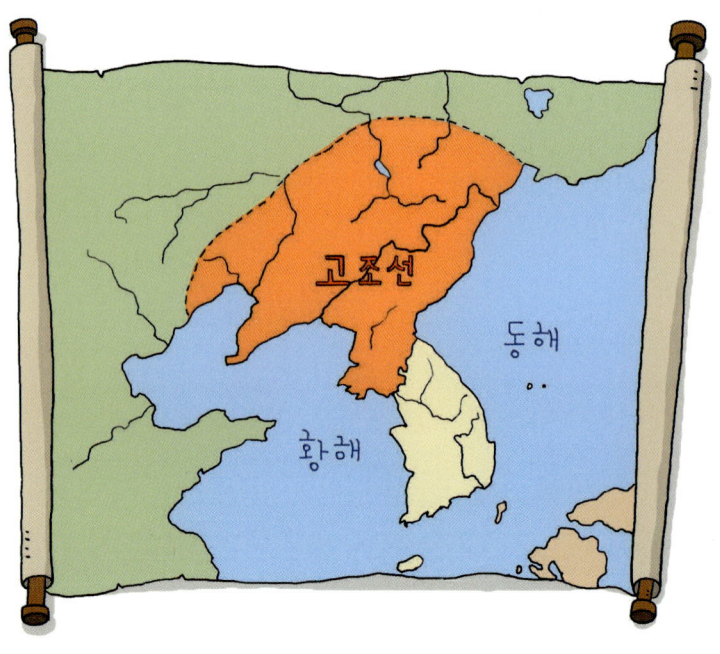

고조선의 첫 임금은 단군왕검이에요. 단군왕검은 환웅과 웅녀 사이에 태어난 아들로, 고조선을 세워 약 2천 년 동안 나라를 다스렸다고 해요.

**고조선은 누가 세웠을까?**

옛날 하느님의 아들 환웅은 홍익인간의 뜻을 품고 인간 세상으로 내려갔어요. 그런데 어느 날 곰과 호랑이가 환웅을 찾아가 사람이 되고 싶다고 애원했지요. 환웅은 그들을 딱하게 여겨 백일 동안 쑥과 마늘을 먹으면 인간이 될 수 있다고 전해주었어요. 그러나 참을성 없는 호랑이는 뛰쳐나가 버렸고, 인내심 많은 곰은 쑥과 마늘을 먹고 아름다운 여인이 되었지요. 환웅은 이 여인과 결혼해서 아이를 낳았는데, 그 사람이 바로 단군왕검이랍니다. 『삼국유사』

단군왕검이라는 이름에는 두 가지 의미가 있어요. 단군은 원래 '박달나무 아래에서 제사를 지내는 사람'이라는 뜻으로 종교적 지도자를 말하지요. 옛날에는 힘든 일이 있을 때 하늘에 제사를 지내 물어봤어요. 왕검은 '왕'이라는 뜻으로 나라를 다스리는 정치적 지도자를 말해요. 그러니까 단군왕검은 종교적 지도자이기도 하고 정치적 지도자이기도 해요. 이렇게 종교[祭]와 정치[政]가 하나가[一] 되는[致] 것을 제정일치라고 한답니다.

**제정일치**
**祭 政 一 致**
제사 제  정치 정  하나 일  이룰 치

옛 조선, 고조선

### 홍익인간
### 弘益人間
넓을 홍  이로울 익  사람 인  사이 간

환웅은 홍익인간의 뜻을 품고 하늘에서 내려와 나라를 열었지요. 홍익인간은 '널리[弘] 인간[人間]을 이롭게[益] 한다.'라는 뜻이랍니다. 우리나라 최초의 건국 이념이며 오늘날에도 우리나라의 정치·경제·사회·문화의 중요한 이념으로 여기고 있지요.

### 기원
### 紀 元
근본 기  으뜸 원

단군왕검은 기원전 2333년에 고조선을 세웠어요. 그런데 '기원전'은 무슨 뜻일까요? 기원이란 '근본[紀]이 되는 으뜸[元]'이라는 뜻이에요. 즉 연도를 헤아리는 기준이 되는 해를 말하지요. 서양에서는 예수가 태어난 해를 기준으로 그보다 앞선 해는 '앞 전(前)'을 붙여 '기원전'이라고 하고 그 이후는 '뒤 후(後)'를 붙여 '기원후'라고 한답니다.

기원전 (B.C) ← → 기원후 (A.D)

### 단기
### 檀 紀
박달나무 단  근본 기

우리나라는 옛날부터 연도를 셀 때 단기를 사용했답니다. 단기란 '단군[檀] 기원[紀]'의 준말로, 단군이 태어난 해를 기준으로 연도를 나타내는 거지요. 단군은 우리나라의 첫 시조이므로 우리나라의 근본이랍니다.

## 한자, 꼬리에 꼬리를 물고

한자의 음을 □ 안에 써넣어 더 많은 단어를 알아보아요.

### 군 [君] 임금

1. □사부일체는 '임금과 스승과 아버지의 은혜가 같다.'라는 말이지요.
2. 나라를 다스리는 최고 지위에 있는 사람을 □주라고 해요.

### 왕 [王] 임금

1. 임금이 사는 궁궐을 □궁이라고 해요.
2. 훌륭하고 뛰어난 임금을 높여 대□이라고 해요.

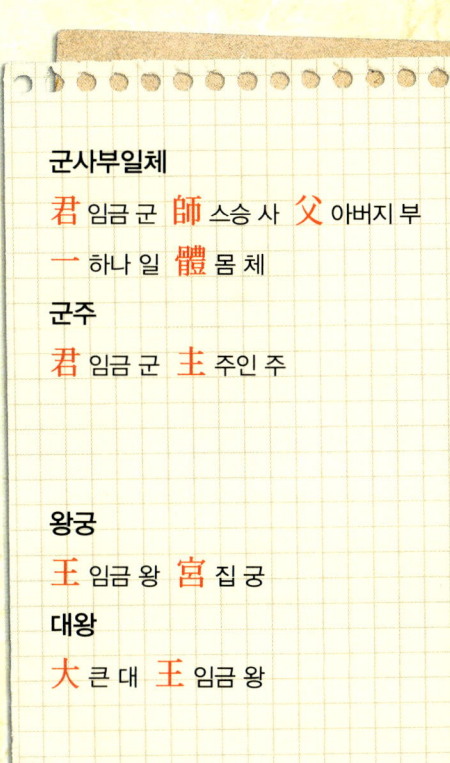

군사부일체
君 임금 군  師 스승 사  父 아버지 부
一 하나 일  體 몸 체

군주
君 임금 군  主 주인 주

왕궁
王 임금 왕  宮 집 궁

대왕
大 큰 대  王 임금 왕

### 콕! 콕! 단어 확인!

다음 □ 안에 알맞은 단어를 써 보세요.

1. 종교와 정치가 하나가 되는 것을 □□□□라고 한다.
2. 환웅은 '널리 인간을 이롭게 한다.'라는 □□□□의 뜻을 품고 인간 세상으로 내려왔다.
3. 예수가 태어난 해를 기준으로 그 이전의 해를 □□□이라 하고, 그 이후의 해를 □□□라고 한다.

삼국의 건국과 발전

# 나라를 세우자, 건국

### 건국
### 建 國
세울 건   나라 국

단군 이래 우리나라에는 여러 나라가 세워졌어요. 주몽은 고구려를 세우고, 온조는 백제를 세우고, 혁거세는 신라를 세웠어요. 이렇게 나라[國]를 세우는[建] 일을 건국이라 하지요.

### 삼국
### 三 國
셋 삼   나라 국

고구려, 백제, 신라는 한 시대에 같이 존재했어요. 이 나라들은 서로 견제하기도 하고 문화적으로 교류하기도 했지요. 고구려, 백제, 신라 세[三] 나라[國]를 가리켜 삼국이라 하고 이 시기를 삼국 시대라고 한답니다.

### 영토
### 領 土
다스릴 령   땅 토

삼국은 서로 더 넓은 땅을 차지하려고 전쟁을 벌였어요. 왜냐하면, 영토가 넓을수록 더욱 강한 나라가 되었기 때문이죠. 영토란 한 나라가 다스리는[領] 땅[土]이랍니다.

삼국 중 가장 먼저 전성기를 맞이한 나라는 백제예요. 백제는 근초고왕 때 남해안까지 영토를 넓히고 바다 건너 중국·일본과도 문화 교류를 하였지요.

**천도**
**遷 都**
옮길 천  도읍 도

고구려는 광개토 대왕과 장수왕일 때가 전성기였어요. 장수왕은 영토를 남쪽으로 넓히려고 수도를 국내성에서 평양성으로 옮겼답니다. 이렇게 수도[都]를 옮기는[遷] 것을 천도라고 하지요.

삼국 중 마지막으로 전성기를 맞이한 나라는 신라예요. 진흥왕 때 안으로는 인재를 길러 내고, 밖으로는 백제와 힘을 합쳐 고구려를 공격하였답니다. 신라는 천 년 동안 한 번도 수도를 옮긴 적이 없어요. 그래서 경주에는 유물과 유적이 많답니다. 이것이 경주를 '지붕 없는 박물관'이라고 부르는 이유지요.

1 불국사
2 안압지
3 첨성대
4 다보탑
5 석가탑

## 한자, 꼬리에 꼬리를 물고

 한자의 음을 ☐ 안에 써넣어 더 많은 단어를 알아보아요.

### 전 [全] 온전하다

1. 온몸을 다른 말로 ☐신이라고 해요.
2. 편안하고 위험하지 않은 것을 안☐이라고 해요.

### 성 [盛] 성하다

1. 흥하고 망함과 성하고 쇠함을 흥망☐쇠라고 해요.
2. 상품이 한창 쓰이는 시기를 ☐수기라고 해요.

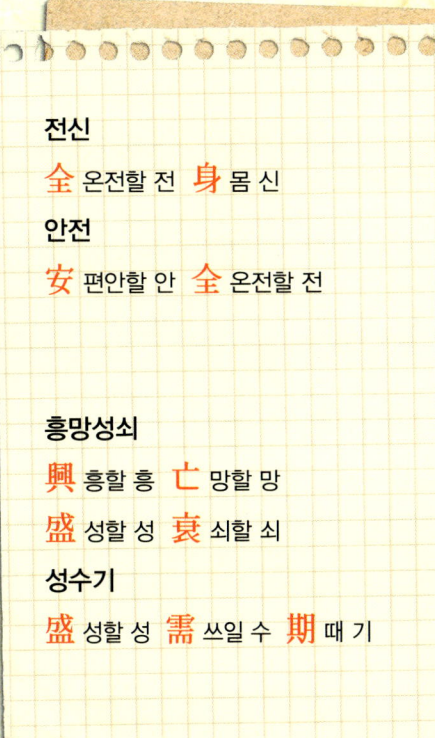

전신
全 온전할 전　身 몸 신

안전
安 편안할 안　全 온전할 전

흥망성쇠
興 흥할 흥　亡 망할 망
盛 성할 성　衰 쇠할 쇠

성수기
盛 성할 성　需 쓰일 수　期 때 기

## 콕콕! 단어 확인!

다음 ☐ 안에 알맞은 단어를 써 보세요.

1. 나라를 세우는 일을 ☐☐이라 한다.
2. 고구려, 백제, 신라 세 나라를 아울러 ☐☐이라 한다.
3. 영토가 가장 넓은 시기로, 세력이 왕성한 시기를 ☐☐☐라고 한다.
4. 고구려는 장수왕 때 국내성에서 평양성으로 수도를 ☐☐했다.

나라를 세우자, 건국

### 신라의 신분 제도

# 골과 두품으로 나눈 골품 제도

| 신분 |
|:---:|
| 身 分 |
| 몸 신　나눌 분 |

신라 시대에는 신분이 나뉘어 평등하지 않았어요. 신분이란 사회적으로 나누어진[分] 개인[身]의 위치를 말해요. 신라 사람들은 신분에 따라 관직의 직급, 집의 크기, 옷의 색깔, 장신구까지 모두 달랐다고 합니다.

신라 시대에는 독특한 신분 제도인 골품 제도가 있어요. 골품 제도는 골[骨]과 두품[頭品]으로 신분을 나눈 제도[制度]를 말해요. 성골과 진골은 왕족이고 육두품, 오두품, 사두품은 귀족, 삼두품 이하는 평민이었지요.

골품 제도에 따른 신분은 태어나면서 저절로 정해진답니다. 아버지가 성골이면 자식도 성골이고, 아버지가 육두품이면 자식도 육두품이지요. 육두품은 관료가 될 자격은 주어졌지만 아무리 능력이 뛰어나도 아찬 이상의 벼슬에는 오를 수 없었어요. 낮은 신분을 한스러워해도 어찌할 수가 없었어요.

**골품 제도**
骨 品 制 度
뼈 골  등급 품  법 제  법도 도

### 꽃 같은 사내들의 무리?
신라에는 화랑도라는 단체가 있었어요. 화랑도란 '꽃[花] 같은 사내[郎]들의 무리[徒]'라는 뜻으로 학식이 뛰어나고 잘생긴 남자아이들이 심신 수련을 하던 단체랍니다. 이 화랑도에서 충성스런 신하와 용맹한 병사가 많이 나왔다고 해요.

### 지배 계급
## 支 配 階 級
가를 **지** 나눌 **배** 차례 **계** 등급 **급**

왕족과 귀족은 평민들을 지배[支配]하는 계급[階級]이에요. 이들 지배 계급은 기와집에 살며 노비와 병사를 거느리는 호화로운 생활을 했어요.

### 피지배 계급
## 被 支 配 階 級
당할 **피** 가를 **지** 나눌 **배** 차례 **계** 등급 **급**

그러나 평민들은 초가집에 살면서 농사를 짓고 세금을 내지요. 왜냐하면, 평민들은 왕족과 귀족의 지배[支配]를 받는[被] 피지배 계급[階級]이기 때문이에요. 피지배의 피(被)는 피해, 피고인처럼 '~당하다'라는 뜻이지요.

## 한자, 꼬리에 꼬리를 물고

✏️ 한자의 음을 ☐ 안에 써넣어 더 많은 단어를 알아보아요.

### 신[身] 몸

1 출세하여 세상에 이름을 떨치는 일을 입☐양명이라고 해요.
2 사람의 키를 ☐장이라고 해요.

### 분[分] 나누다

1 일을 나누어 하는 것을 ☐업이라고 해요.
2 우리 민족은 ☐단의 아픔을 겪었지요.

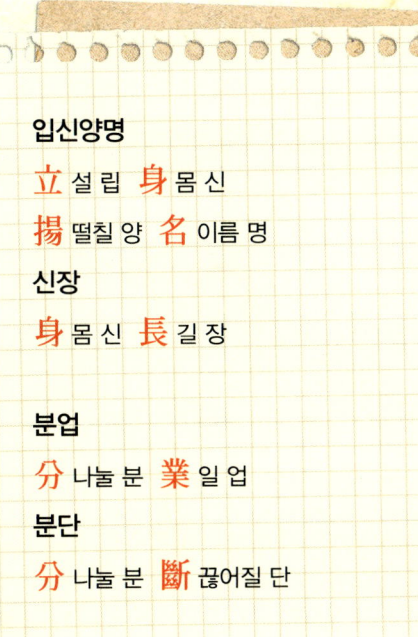

**입신양명**
立 설 립　身 몸 신
揚 떨칠 양　名 이름 명

**신장**
身 몸 신　長 길 장

**분업**
分 나눌 분　業 일 업

**분단**
分 나눌 분　斷 끊어질 단

**콕콕! 단어 확인!**

✏️ 다음 ☐ 안에 알맞은 단어를 써 보세요.

신라 시대에는 골과 두품으로 신분을 나눈 ☐☐ 제도가 있었다.

✏️ 다음 중 설명이 맞으면 ○, 틀리면 × 표시를 해 보세요.

1 신라 사람들은 자신의 노력에 따라 신분을 바꿀 수 있었다. (　)

2 신라 귀족들은 기와집에 살면서 노비와 병사를 거느릴 수 있었다. (　)

3 신라 사람들은 나이에 따라 옷의 색깔과 장신구를 다르게 했다. (　)

골과 두품으로 나눈 골품 제도

**통일 신라와 발해**

# 남겨진 백성, 유민

신라는 당나라와 힘을 합쳐 고구려와 백제를 멸망시키고 통일 신라를 건국했어요. 그럼 그곳에 살던 백제 백성과 고구려 백성은 어떻게 되었을까요?

**유민**
**遺 民**
남길 유  백성 민

나라가 망하고 남겨진[遺] 백성[民]을 유민이라고 한답니다. 유물은 남겨진 물건, 유언은 남겨진 말, 유산은 남겨진 재산을 말하지요.

**부흥 운동**
**復 興 運 動**
다시 부  일으킬 흥  움직일 운  움직일 동

백제 유민과 고구려 유민은 나라가 없어졌기 때문에 많은 설움을 당했어요. 그래서 다시[復] 자신의 나라를 세우기[興] 위한 운동[運動]을 펼쳤지요. 그것이 부흥 운동이랍니다. 백제 유민과 고구려 유민은 각자의 땅에서 열심히 부흥 운동을 했지만, 아쉽게도 백제 부흥 운동은 실패하고 말았어요.

고구려 부흥 운동은 어떻게 되었을까요? 당나라는 고구려 유민들의 거센 저항을 막으려고 고구려 유민들을 강제로 먼 곳에 보내버리기도 하고, 자기 나라로 잡아가기도 했어요. 하지만 대조영은 고구려 유민과 말갈족의 힘을 모아 당나라에 맞서 싸웠지요. 결국, 대조영은 동모산 근처에 도읍을 정하고 발해를 세웠답니다.

발해는 고구려를 계승한 나라입니다. 계승이란 '조상의 뒤를 이어[繼]받다[承].'라는 뜻이지요. 발해는 고구려의 기상과 문화를 이어받으려고 노력했어요. 그래서 고구려의 유물과 비슷한 유물이 많이 있지요. 심지어 외교 문서에서도 자신을 스스로 고려국이라고 이야기했대요.

**계승**
**繼 承**
이을 계  받들 승

발해 기와

남겨진 백성, 유민

| 남국 |
|---|
| 南 國 |
| 남녘 남 　나라 국 |

| 북국 |
|---|
| 北 國 |
| 북녘 북 　나라 국 |

이 시기에는 통일 신라와 발해 두 나라만 존재하였어요. 통일 신라는 남쪽[南]에 있는 나라[國]라 남국으로 불렸고, 발해는 북쪽[北]에 있는 나라[國]라 북국으로 불렸답니다. 그래서 이 시기를 남북국 시대라고 부르지요.

| 해동성국 |
|---|
| 海 東 盛 國 |
| 바다 해 　동녘 동 　성할 성 　나라 국 |

발해가 옛 고구려의 영토를 거의 회복하자 당나라는 발해를 '바다[海] 동쪽[東]의 융성한[盛] 나라[國]'라는 뜻인 해동성국으로 불렀답니다. 발해는 고구려의 정신을 이어받아 200여 년간 지속하다가 거란족의 침입으로 멸망하게 되었어요.

## 한자, 꼬리에 꼬리를 물고

✏️ 한자의 음을 ☐ 안에 써넣어 더 많은 단어를 알아보아요.

### 해 [海] 바다

1. 바다에서 싸우려고 조직한 군대를 ☐군이라고 해요.
2. 우리나라가 다스리는 바다를 영☐라고 해요.

### 동 [東] 동녘

1. ☐대문의 이름은 흥인지문이에요.
2. 한국·중국·일본을 흔히 ☐양이라고 불러요.

**해군**
海 바다 해  軍 군사 군

**영해**
領 다스릴 령  海 바다 해

**동대문**
東 동녘 동  大 큰 대  門 문 문

**동양**
東 동녘 동  洋 큰 바다 양

---

### 콕콕! 단어 확인!

✏️ 다음 ☐ 안에 알맞은 단어를 써 보세요.

1. 고구려와 백제가 망하고 남겨진 백성을 ☐☐이라고 한다.
2. 고구려는 다시 자신의 나라를 세우고자 ☐☐ 운동을 하였다.
3. 발해는 '바다 동쪽의 융성한 나라'라는 뜻인 ☐☐☐☐으로 불리기도 했다.

고려의 왕권 강화

# 사이좋게 지내자, 화친

통일 신라가 힘이 약해지자 백제의 옛 땅에는 견훤이 후백제를 세우고 고구려의 옛 땅에는 궁예가 후고구려를 세웠답니다.

그런데 궁예는 성질이 포악하여 백성에게 원망을 많이 샀지요. 그때 궁예의 부하였던 왕건이 백성의 지지를 얻어 궁예를 몰아내고 고려를 세웠답니다.

**화친**

**和 親**
화목할 화　친할 친

고려를 건국한 왕건은 후백제에는 군사력으로 압박하고, 신라에는 화친 정책을 펼쳤어요. 화친이란 다투지 않고 화합하여[和] 서로 친하게[親] 지내는 것이지요. 이러한 정책 덕분에 고려는 전쟁 없이 신라 땅을 손에 넣게 되었어요.

왕건은 삼국을 통일하고 백성이 서로 어울려 살 수 있도록 민족 융합 정책을 펼쳤어요. 민족 융합 정책은 각 나라 사람들을 한 민족[民族]이 되도록 화합하여[融] 합치려는[合] 정책[政策]을 말해요. 왕권은 후백제와 신라 사람들을 차별하지 않고 관직에 고루 배치했답니다.

### 민족 융합 정책
# 民族融合政策
백성 **민**　겨레 **족**　화할 **융**　합할 **합**　정치 **정**　책략 **책**

고려는 발해와 마찬가지로 고구려를 계승한 나라예요. 그래서 발해를 멸망시키고 옛 고구려 땅을 차지한 거란족이 무척 싫었지요. 왕건은 북쪽의 거란족을 몰아내고 고구려 땅을 되찾고자 북쪽[北]으로 나아가며[進] 영토를 넓히는 정책[政策]을 펼쳤답니다.

### 북진 정책
# 北進政策
북녘 **북**　나아갈 **진**　정치 **정**　책략 **책**

사이좋게 지내자, **화친**

| 호족 |
| --- |
| 豪 族 |
| 뛰어날 호  무리 족 |

왕건은 왕권을 강화하고 싶었지만, 지방 호족들이 잘 따라주지 않았어요. 호족은 재산이 많고 세력이 강한[豪] 집안[族]이지요. 왕건은 지방에서 강력한 힘을 가진 호족과 친하게 지내려고 자신의 자식들을 호족과 결혼시켰답니다.

| 과거 |
| --- |
| 科 擧 |
| 시험 과  뽑을 거 |

고려 시대에는 인재들이 알음알음 등용되었어요. 그래서 왕의 명령보다 자신을 관리로 뽑아 준 사람의 말을 더 따르는 상황이었지요. 왕건은 바닥에 떨어진 왕권을 강화하기 위해 나라에서 직접 관리를 선발하는 과거 제도를 시행하였어요. 능력 있는 인재들을 시험[科]으로 뽑으니[擧] 저절로 왕권이 강화되었답니다. 이후 과거 제도는 조선 시대까지 이어졌지요.

## 한자, 꼬리에 꼬리를 물고

한자의 음을 ☐ 안에 써넣어 더 많은 단어를 알아보아요.

### 북[北] 북녘

1 북쪽의 끝을 ☐극이라고 해요.
2 ☐두칠성은 북쪽 하늘의 일곱 개의 별이에요.

### 진[進] 나아가다

1 상급 학교로 나아가는 것을 ☐학이라고 해요.
2 앞으로 나아가는 것을 전☐이라고 해요.

**북극**
北 북녘 북  極 끝 극

**북두칠성**
北 북녘 북  斗 별 이름 두
七 일곱 칠  星 별 성

**진학**
進 나아갈 진  學 배울 학

**전진**
前 앞 전  進 나아갈 진

## 콕! 콕! 단어 확인!

다음 ☐ 안에 알맞은 단어를 써 보세요.

1 고려는 후백제와는 무력으로 대응하고, 신라와는 ☐☐ 정책을 펼쳤다.

2 고려는 옛 고구려 땅을 되찾기 위해 ☐☐ 정책을 펼쳤다.

3 ☐☐은 고려 시대 때 재산이 많고 힘이 센 지방 세력을 말한다.

4 ☐☐는 능력 있는 인재를 뽑으려는 시험이다.

### 문신과 무신

# 글 읽는 신하, 문신

**문신**
文 臣
글 문   신하 신

**무신**
武 臣
무술 무   신하 신

고려는 두 종류의 관리가 있어요. 문[文]과 출신 신하[臣]인 문신과 무[武]과 출신 신하[臣]인 무신이 있죠. 문신은 임금님 곁에서 나라를 다스렸기 때문에 과거를 치러 똑똑한 사람만 뽑았어요. 지금의 공무원과 비슷하다고 볼 수 있죠.

그러나 무신은 힘이 좋거나 무술을 잘하면 과거를 치르지 않고도 될 수 있었어요. 무신은 다른 나라가 침략하지 않도록 나라를 지키는 군인과 비슷하겠네요.

고려 시대는 무신보다 문신이 대우받는 시기였어요. 문신들은 한 번 벼슬길에 오르면 아들, 손자까지 벼슬길에 나갈 수 있었어요. 이렇게 문신들은 집안 대대로 그들의 권력을 유지하였고, 사람들은 그들을 지체[閥] 높은 가문[門]인 문벌이라고 불렀지요.

**문벌**
**門 閥**
가문 문  지체 벌

전쟁이 나면 문신들은 무신들의 위에서 군대를 지휘했어요. 전쟁터의 실상을 모른 채 지휘를 했기 때문에 명령을 따라야 했던 무신들의 불만은 쌓여만 갔지요. 또 왕과 문신들이 흥겨운 잔치를 즐기는 동안 무신들은 보초를 서야 하는 차별을 받았답니다.

글 읽는 신하, 문신

### 무신 정변
## 武臣政變
무술 무 · 신하 신 · 정치 정 · 변할 변

문신들의 횡포는 점점 더 심해졌어요. 어느 날 계급이 낮은 문신이 계급이 높은 무신의 뺨을 치는 일이 벌어졌지요. 그동안 받았던 차별과 횡포에 분노한 무신들은 결국 문신들을 모두 죽이고 정권을 잡았어요. 이것을 무신[武臣]이 일으킨 정치적인[政] 큰 변화[變], 무신 정변이라 한답니다.

### 봉기
## 蜂起
벌 봉 · 일어날 기

무신들이 정권을 잡아도 백성의 생활은 달라진 것이 없었어요. 오히려 점점 더 무신들의 횡포가 심해졌답니다. 세금을 가혹하게 거두거나 심지어 땅을 뺏기도 하였지요. 백성은 참다못해 봉기하였어요. 봉기란 말 그대로 벌떼[蜂]처럼 들고일어나[起] 항의하는 것을 말해요.

## 한자, 꼬리에 꼬리를 물고

 한자의 음을 ☐ 안에 써넣어 더 많은 단어를 알아보아요.

### 문[文] 글

1 종이·붓·먹·벼루를 ☐방사우라고 해요.

2 기행☐은 여행하면서 보고, 듣고, 느낀 것을 적은 글이지요.

### 무[武] 무기

1 전쟁에 쓰이는 도구를 ☐기라고 해요.

2 휴전선 주위는 무기와 장비를 배치하지 않은 비☐장 지대예요.

---

**문방사우**
文 글 문  房 방 방
四 넷 사  友 친구 우

**기행문**
紀 적을 기  行 다닐 행  文 글 문

**무기**
武 무기 무  器 도구 기

**비무장**
非 아닐 비  武 무기 무  裝 차릴 장

---

### 콕콕! 단어 확인!

 다음 ☐ 안에 알맞은 단어를 써 보세요.

1 문과 출신 신하를 ☐☐이라고 한다.

2 문신의 지체 높은 가문을 ☐☐이라고 한다.

3 문신에 차별을 받은 ☐☐은 참다못해 ☐☐☐☐을 일으켰다.

4 백성은 문신과 무신의 횡포에 불만을 품고 벌떼처럼 ☐☐하였다.

글 읽는 신하, 문신

고려 시대 문화재

# 쇠로 만든 활자, 금속 활자

**인쇄술**

**印 刷 術**

찍을 인  박을 쇄  기술 술

옛날에는 책을 여러 권 만들려면 똑같은 내용을 여러 번 적었어야 했어요. 이런 불편함을 줄이고자 인쇄술이 생겨났습니다. 인쇄술은 판에 먹물을 묻혀 글자를 찍고[印] 박아[刷] 내는 기술[術]을 말하지요. 신라 시대에는 나무에 찍는 목판 인쇄술이 발전했지만, 나무는 오래되면 썩고 또 잘못된 글자를 고칠 수 없었어요.

고려 시대에는 목판이 가지고 있던 단점을 극복한 쇠[金屬]로 만든 활자[活字], 금속 활자를 만들었답니다. 활자판에 금속 활자를 하나하나 꽂아 책을 찍기 때문에 썩을 염려도 없고 틀린 글자도 쉽게 고칠 수 있었어요. 『직지심체요절』은 세계에서 가장 오래된 금속 활자본으로, 현재 프랑스 국립 도서관에 보관되어 있어요.

**금속 활자**
金 屬 活 字
쇠 금  무리 속  살 활  글자 자

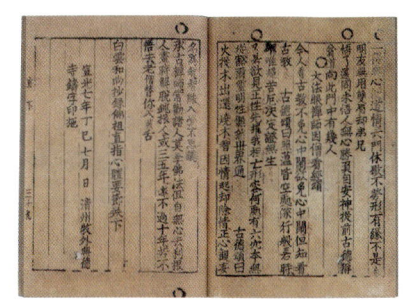

금속 활자로 찍은 직지심체요절

고려청자는 고려[高麗] 시대에 만든 푸른빛[靑]의 도자기[瓷]인데, 그 빛이 영롱하고 아름다워요. 고려 백성은 항아리, 접시, 주전자 등 다양한 생활용품을 고려청자로 만들어 사용했지요.

**고려청자**
高 麗 靑 瓷
높을 고  고울 려  푸를 청  도자기 자

고려청자 중에서 상감 청자가 가장 유명한데요. 상감 청자는 무늬[象]를 새겨 넣은[嵌] 푸른빛[靑]의 도자기[瓷]로, 다른 나라에서 찾아볼 수 없는 세계 제일의 공예품으로 여겨졌어요.

**상감 청자**
象 嵌 靑 瓷
모양 상  새길 감  푸를 청  도자기 자

상감 청자

| 화포 |
| 火 砲 |
| 불 화  대포 포 |

고려 말에는 일본 해적들이 노략질하여 백성이 살 수가 없었어요. 그래서 최무선은 일본의 해적들을 물리치려고 화포를 개발했지요. 화포는 불덩이[火]를 멀리 쏘는 대포[砲]로, 먼바다에 있는 배도 명중시킬 수 있었답니다.

| 향약구급방 |
| 鄕 藥 救 急 方 |
| 우리나라 향  약 약  구원할 구  급할 급  방법 방 |

또 고려 시대에는 의학이 발달하여 『향약구급방』 같은 의학 책이 많이 편찬되었어요. 『향약구급방』은 우리나라[鄕] 약재[藥]로 위급한[急] 질병을 치료하는[救] 방법[方]이 적힌 책으로, 현존하는 가장 오래된 의학책이랍니다.

## 한자, 꼬리에 꼬리를 물고

✏️ 한자의 음을 ☐ 안에 써넣어 더 많은 단어를 알아보아요.

### 활 [活] 살다, 기운차다

1 계속 살아서 불을 뿜는 화산을 ☐화산이라고 해요.
2 활발하게 움직이는 것을 ☐동이라고 해요.

### 자 [字] 글자

1 시청자가 읽을 수 있게 화면에 쓴 글자를 ☐막이라고 해요.
2 한자를 모아 뜻과 음을 풀이한 책을 ☐전이라고 해요.

---

**활화산**
活 살 활 火 불 화 山 산 산

**활동**
活 기운찰 활 動 움직일 동

**자막**
字 글자 자 幕 막 막

**자전**
字 글자 자 典 책 전

---

## 콕!콕! 단어 확인!

✏️ 다음 ☐ 안에 알맞은 단어를 써 보세요.

1 무늬를 새겨 넣은 푸른빛의 도자기를 ☐☐☐☐라고 한다.

2 최무선은 ☐☐를 만들어 일본 해적을 물리쳤다.

✏️ 다음 중 고려 시대 문화재에 ○ 해 보세요.

(측우기, 금속 활자, 고려청자, 훈민정음)은/는 고려 시대의 소중한 문화재이다.

쇠로 만든 활자, 금속 활자

**조선의 건국**

# 돌아온 군대, 위화도 회군

### 친명파
## 親明派
친할 **친** 나라이름 **명** 갈래 **파**

### 친원파
## 親元派
친할 **친** 나라이름 **원** 갈래 **파**

고려 말기에는 원나라가 망하고 명나라가 건국되었어요. 나라 안은 명[明]나라와 친하게[親] 지내야 한다는 부류[派]와 원[元]나라와 친하게[親] 지내야 한다는 부류[派]로 나누어졌어요.

### 요동 정벌
## 遼東征伐
멀 **료** 동녘 **동** 칠 **정** 칠 **벌**

고려가 혼란한 틈을 타 명나라는 고려의 땅이 자기네 땅이었다며 돌려달라고 주장하였지요. 최영 장군은 명나라에 반발하며 이성계에게 적진의 요동[遼東]을 치라[征伐]는 요동 정벌을 지시하였답니다.

하지만 최영과 생각이 달랐던 이성계는 명령을 어기고 위화도[威化島]에서 군대[軍]를 돌렸지요[回]. 그는 수도 개경으로 돌아와 새로운 나라를 세우려고 준비했어요.

**위화도 회군**
**威化島回軍**
위엄 위  될 화  섬 도  돌아올 회  군사 군

**사불가론?**
사불가론(四不可論)이란 '요동 정벌이 가능[可]하지 않는[不] 4가지[四] 이유[論]'라는 뜻으로, 최영이 요동 정벌을 주장할 때 이성계가 사불가론을 들어 반대하였어요.

위화도 회군 이후에 고려의 대신들은 온건파와 급진파로 나뉘었어요. 온건파는 천천히[穩] 튼튼한[健] 고려를 세우자는 부류[派]이고 급진파는 빨리[急] 고려를 버리고 새로운 나라로 나아가자는[進] 부류[派]였죠. 결국, 새로운 나라를 세우자는 급진파가 강하여 조선이 건국되었답니다.

**온건파**
**穩健派**
평온할 온  튼튼할 건  갈래 파

**급진파**
**急進派**
급할 급  나아갈 진  갈래 파

돌아온 군대, 위화도 회군

## 육조 六曹
여섯 **륙** 관청 **조**

조선 건국 초기에는 나라를 다스리는 데 어려움이 많았어요. 조정에서는 나랏일을 잘 파악하기 위해 전국을 여덟 개의 도로 나누고 관리를 파견하였어요. 또 여섯[六] 개의 중앙 관청[曹]인 육조를 두어 나라의 기틀을 다졌지요. 이조, 호조, 예조, 병조, 형조, 공조는 업무에 따라 나랏일을 나누어 집행하였답니다.

육조는 경복궁 좌·우에 위치하였는데 마치 왕을 중심으로 신하들이 늘어서 있는 것 같았어요. 사람들은 그 거리를 '육조 거리'라고 불렀답니다.

## 한자, 꼬리에 꼬리를 물고

✏️ 한자의 음을 ☐ 안에 써넣어 더 많은 단어를 알아보아요.

### 급 [急] 급하다, 빠르다

1. 급하게 늘어나는 것을 ☐증이라고 해요.
2. 빨리 가는 열차를 ☐행열차라고 해요.

### 진 [進] 나아가다

1. 일이 되도록 밀고 나아가는 것을 추☐이라고 해요.
2. 문화나 경제가 한 발짝 앞선 나라를 선☐국이라고 해요.

---

**급증**
急 급할 급  增 더할 증

**급행**
急 빠를 급  行 갈 행

**추진**
推 밀 추  進 나아갈 진

**선진국**
先 먼저 선  進 나아갈 진  國 나라 국

---

콕콕! 단어 확인!

✏️ 다음 ☐ 안에 알맞은 단어를 써 보세요.

1. 이성계는 최영의 명령을 따르지 않고 위화도에서 ☐☐하여 개경으로 돌아왔다.

2. 이방원은 빨리 조선을 세우자는 ☐☐였고 정몽주는 천천히 고려를 변화시키자는 ☐☐였다.

3. 조선의 행정 실무를 맡아 보던 여섯 개의 중앙 관청을 ☐☐라고 한다.

돌아온 군대, 위화도 회군  **123**

### 조선의 유교

# 조선의 생각, 유교 사상

| **숭유억불**<br>崇 儒 抑 佛<br>숭상할 숭 선비 유 누를 억 부처 불 | 조선 시대에는 고려 시대 때 숭상하던 불교[佛]를 억압하고[抑] 유교[儒]를 통치 이념으로 삼아 숭상[崇]하였어요. 그것을 숭유억불이라고 한답니다. |
|---|---|
| **유교**<br>儒 敎<br>선비 유 종교 교 | 불교는 부처님의 가르침을 믿는 종교지만 유교는 무엇일까요? 유교란 선비[儒]의 가르침을 따르는 종교[敎]로서 선비에게 필요한 마음가짐과 행동을 주로 가르쳐 주었답니다. |
| **유교 사상**<br>儒 敎 思 想<br>선비 유 종교 교 생각 사 생각 상 | 유교[儒敎]에서 가르쳐 주던 생각[思想]을 유교 사상이라 하지요. 유교 사상은 조선 시대 사회와 문화에 큰 영향을 끼쳤답니다. 아직까지 우리나라에 유교 사상은 많이 남아 있어요. |

유교에서는 인간관계를 매우 중요하게 생각했답니다. 사람 간에 지켜야 할 예의와 삼강오륜을 기본 덕목으로 삼아 지키고 살았지요.

삼강이란 유교의 세[三] 가지 근본[綱]으로, 임금과 신하, 부모와 자식, 남편과 아내 사이에 지켜야 할 도리를 이른답니다.

**삼강**
三 綱
셋 삼  근본 강

### 삼강

| | |
|---|---|
| 군위신강(君爲臣綱) | 임금은 신하의 근본이 된다. |
| 부위자강(父爲子綱) | 부모는 자식의 근본이 된다. |
| 부위부강(夫爲婦綱) | 남편은 아내의 근본이 된다. |

오륜은 사람들이 지켜야 하는 다섯[五] 가지 도리[倫]로, 부모와 자식, 임금과 신하, 남편과 아내, 어른과 아이, 친구 사이에서 지켜야 할 도리를 말하지요.

**오륜**
五 倫
다섯 오  도리 륜

### 오륜

| | |
|---|---|
| 부자유친(父子有親) | 부모 자식 사이에는 친함이 있어야 한다. |
| 군신유의(君臣有義) | 임금과 신하 사이에는 의리가 있어야 한다. |
| 부부유별(夫婦有別) | 남편과 아내 사이에는 분별이 있어야 한다. |
| 장유유서(長幼有序) | 어른과 아이 사이에는 차례가 있어야 한다. |
| 붕우유신(朋友有信) | 친구 사이에는 믿음이 있어야 한다. |

## 관혼상제
## 冠婚喪祭
갓관 혼인혼 죽을상 제사제

조선 시대에는 예의범절과 더불어 의례도 중요하게 생각하여 엄격히 지키며 살았답니다. 관혼상제는 관례[冠], 혼례[婚], 상례[喪], 제례[祭]를 아울러 이르는 말로, 사람이 태어나고 성장하면서 반드시 겪게 되는 통과 의례라고 할 수 있지요.

> **통과 의례가 뭘까?**
> 성인식, 결혼식, 장례식과 같이 사람이 평생 살아가면서 겪는 갖가지 의식을 통틀어 이르는 말이지요.

관례는 갓[冠]을 쓰는 의례[禮]로, 성인식을 말해요. 이제 어른이 되었다는 것을 주변 사람들에게 알리는 의식이에요. 혼례는 혼인[婚]을 하는 의례[禮]를 말한답니다. 요즘은 혼인이라는 말보다 결혼이라는 말을 많이 쓰지요. 사람은 누구나 늙고 병들어 죽게 돼요. 상례는 장사[喪]를 치르는 의례[禮]로, 조상은 상례를 통해 슬픔을 위로하였답니다. 제례는 돌아가신 분께 제사[祭]를 지내며 추모하는 의례[禮]를 말해요. 관혼상제는 지금도 우리 삶 속에 여전히 계승되는 전통이랍니다.

## 한자, 꼬리에 꼬리를 물고

✏️ 한자의 음을 ☐ 안에 써넣어 더 많은 단어를 알아보아요.

### 사 [思] 생각하다

1 깊이 잘 생각하는 것을 심☐숙고라고 해요.
2 생각하고 궁리하는 힘을 ☐고력이라고 해요.

### 상 [想] 생각하다

1 감☐문은 어떤 사물이나 현상을 보고 느낀 바를 쓴 글이에요.
2 지난 일을 돌이켜 생각하는 것을 회☐이라고 해요.

**심사숙고**
深 깊을 심  思 생각할 사
熟 익숙할 숙  考 생각할 고

**사고력**
思 생각할 사  考 생각할 고  力 힘 력

**감상문**
感 느낄 감  想 생각할 상  文 글 문

**회상**
回 돌 회  想 생각할 상

✏️ 다음 ☐ 안에 알맞은 단어를 써 보세요.

1 조선 시대에는 ☐☐를 통치 이념으로 삼아 숭상했다.

2 관례, 혼례, 상례, 제례를 아울러 ☐☐☐☐라고 한다.

✏️ 다음 중 오륜이 아닌 것에 ○ 해 보세요.

| 군신유의 | 부부유별 | 임전무퇴 | 부자유친 | 장유유서 |

조선의 생각, 유교 사상  127

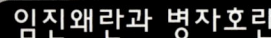

## 두 개의 큰 난리, 양란

우리나라는 예로부터 외세의 침략이 많은 나라였어요. 그래서 수차례 힘든 싸움을 치렀답니다. 그런데 어떤 싸움은 '전란'이라 하기도 하고 어떤 싸움은 '대첩'이라 하기도 하지요? 싸움을 뜻하는 단어에 대해 알아보아요.

**전란**
戰 亂
싸움 전  난리 란

전란은 싸움[戰] 때문에 생긴 난리[亂]를 뜻한답니다. 전(戰)은 '싸움, 전쟁'이라는 뜻이고, 란(亂)은 '어지럽다, 난리'라는 뜻이지요. 조선 시대에 가장 큰 전란은 임진왜란과 병자호란으로, 이 두[兩] 개의 큰 난리[亂]를 가리켜 양란이라 합니다.

**양란**
兩 亂
둘 량  난리 란

**임진왜란은 누가 쳐들어온 걸까?**
임진왜란은 왜국이 쳐들어온 싸움이고 병자호란은 청나라 오랑캐가 쳐들어온 싸움이지요.

대첩은 '싸움에서 크게[大] 이기다[捷].'라는 뜻으로 큰 승리를 거둔 전투에 붙여 씁니다. 예를 들어, 한산도 대첩은 이름만 보고도 한산도 전투에서 크게 승리를 했다는 사실을 알 수 있지요. 한산도 대첩은 진주 대첩, 행주 대첩과 함께 임진왜란의 3대 대첩으로 불린답니다.

**대첩**
大 捷
큰 대  이길 첩

임진왜란은 임진[壬辰]년에 왜[倭]가 침입하여 일으킨 난리[亂]를 말해요. 왜는 1592년~1598년까지 7년 동안 두 차례에 걸쳐 우리나라를 침략하였어요. 그래서 7년 전쟁이라고도 합니다. 또 1598년에 일어난 2차 전란은 정유[丁酉]년에 다시[再] 일어난 난리[亂]여서 정유재란이라 부르기도 하지요.

**임진왜란**
壬 辰 倭 亂
아홉째 천간 임  다섯째 지지 진  왜국 왜  난리 란

**정유재란**
丁 酉 再 亂
넷째 천간 정  열째 지지 유  다시 재  난리 란

> **임진은 뭐고, 병자는 뭐야?**
> 지금은 연도를 아라비아 숫자로 나타내지만, 조선 시대에는 천간과 지지를 이용하여 연도를 나타냈어요. 갑자, 을축, 병인처럼 차례대로 결합하면 계해까지 총 60개의 간지가 만들어진답니다.
> **천간**: 갑, 을, 병, 정, 무, 기, 경, 신, 임, 계
> **지지**: 자, 축, 인, 묘, 진, 사, 오, 미, 신, 유, 술, 해

두 개의 큰 난리, 양란

### 병자호란
### 丙子胡亂
셋째 천간 **병**  첫째 지지 **자**  오랑캐 **호**  난리 **란**

병자호란은 병자[丙子]년에 오랑캐[胡]가 침입하여 일으킨 난리[亂]를 말해요. 조선은 명나라와 친하게 지내면서 청나라를 세운 여진족을 오랑캐라며 얕보았답니다. 그러나 그 당시 명나라는 지는 태양이었고, 청나라는 떠오르는 태양이었지요. 청나라는 자신들과 가까이 지내지 않는 조선을 괘씸하게 여기며 침략하였답니다. 결국, 인조는 남한산성으로 피신하고 전쟁이 발발한 지 2달 만에 청나라에 항복하고 말았지요.

### 북벌 정책
### 北伐政策
북녘 **북**  칠 **벌**  정치 **정**  책략 **책**

인조의 뒤를 이은 효종은 조선이 청나라에 항복했다는 사실을 굴욕적으로 생각하였습니다. 그래서 북쪽[北]에 있는 청나라를 치자[伐]는 정책[政策]을 펼치게 되지요. 하지만 북벌 정책을 실천에 옮기지는 못했답니다.

## 한자, 꼬리에 꼬리를 물고

✏️ 한자의 음을 ☐ 안에 써넣어 더 많은 단어를 알아보아요.

### 북[北] 북녘

1 북쪽에서 불어오는 차가운 바람을 ☐풍이라고 해요.
2 지구를 남북으로 나누었을 때 북쪽 부분을 ☐반구라고 해요.

### 벌[伐] 베다, 치다

1 나무를 베는 것을 ☐목이라고 해요.
2 적을 무력으로 치는 것을 정☐이라고 해요.

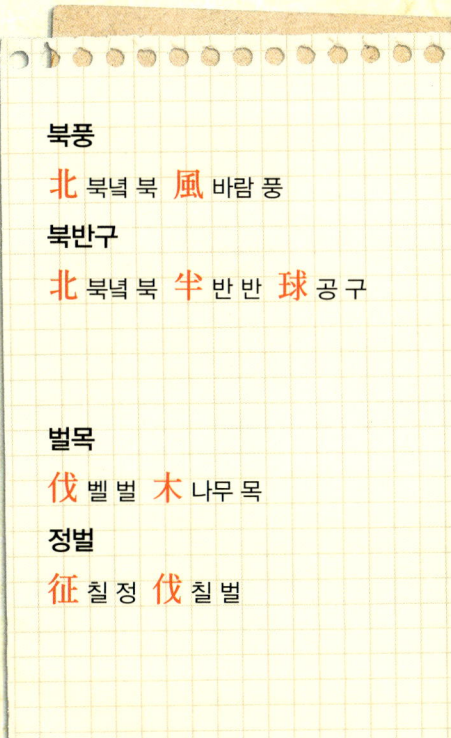

**북풍**
北 북녘 북　風 바람 풍

**북반구**
北 북녘 북　半 반 반　球 공 구

**벌목**
伐 벨 벌　木 나무 목

**정벌**
征 칠 정　伐 칠 벌

## 콕콕! 단어 확인!

✏️ 다음 ☐ 안에 알맞은 단어를 써 보세요.

1 임진년에 왜가 일으킨 난리를 ☐☐☐☐이라고 하고, 병자년에 오랑캐가 일으킨 난리를 ☐☐☐☐이라고 한다.

2 큰 승리를 거둔 전투를 ☐☐이라고 한다.

3 효종은 북쪽에 있는 청나라를 치자는 ☐☐ 정책을 펼쳤다.

외세의 침략과 자주독립

# 빛을 되찾은 날, 광복절

**병인양요**
**丙 寅 洋 擾**
셋째 천간 **병** 셋째 지지 **인** 서양 **양** 난리 **요**

**신미양요**
**辛 未 洋 擾**
여덟째 천간 **신** 여덟째 지지 **미** 서양 **양** 난리 **요**

조선 시대 말에는 병인양요와 신미양요를 겪으며 나라가 혼란스러웠어요. 병인양요는 병인[丙寅]년에 서양[洋]의 프랑스 함대가 강화도에서 일으킨 난리[擾]이고, 신미양요는 신미[辛未]년에 서양[洋]의 미국이 통상을 요구하면서 일으킨 난리[擾]랍니다. 조선은 양란을 겪고 나서 더욱더 우리 것을 지키려고 다른 나라를 거부하였지요.

그때 조선의 관리들은 마음의 문을 열어[開] 새로운 문물을 받아들이자는[化] 부류[派]인 개화파와 외세의 사악한[邪] 무리를 물리치자는[斥] 부류[派]인 척사파로 나뉘어 열띤 논쟁을 벌였지요. 개화파와 척사파는 방식은 다르지만 모두 조선을 부강하게 만들려고 노력한 사람들이랍니다.

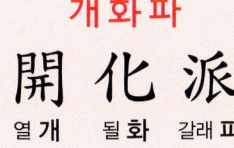

**개화파**
開化派
열 개  될 화  갈래 파

**척사파**
斥邪派
물리칠 척  간사할 사  갈래 파

그러나 시대의 흐름은 새로운 문물을 받아들여야 하는 쪽으로 흘러가고 있었지요. 일본은 조선보다 먼저 서양 문물을 접하여 발전한 나라가 되었어요. 조선을 개화시켜주겠다는 명분을 내세워 접근했지만, 사실 조선을 차지하겠다는 검은 속셈이 있었지요. 결국, 1910년 일본은 우리나라를 침략하여 국권을 빼앗았답니다. 일제 강점기는 1910년~1945년까지로, 일본[日] 제국[帝]이 강제로[强] 우리나라를 차지한[占] 시기[期]지요.

**일제 강점기**
日帝强占期
일본 일  임금 제  강제로 강  차지할 점  때 기

### 독립운동
## 獨立運動
홀로 독 | 설 립 | 움직일 운 | 움직일 동

우리나라 사람들은 일본에 항거하여 독립운동을 하였어요. 독립운동은 일제의 통치에서 벗어나 우리나라가 독자적[獨]으로 일어서려는[立] 운동[運動]이랍니다. 대표적인 독립운동은 1919년에 있었던 3·1운동이에요. 총칼을 앞세운 일제에 맞서 만세를 외치며 독립운동을 펼쳐 나갔지요. 독립 만세 운동은 전국적으로 퍼져 나가 우리나라의 독립에 대한 소망과 의지를 온 세계에 알릴 수 있었어요.

### 광복절
## 光復節
빛 광 | 회복할 복 | 절기 절

1945년 8월 15일, 드디어 우리나라는 일본의 지배에서 벗어날 수 있었어요. 그날을 기념하여 만든 국경일이 광복절이지요. 광복절은 '빼앗겼던 나라를 되찾아 빛을[光] 회복한[復] 날[節]'이라는 뜻이에요. 우리나라는 그로부터 3년 후 대한민국 정부를 수립하였습니다.

## 한자, 꼬리에 꼬리를 물고

✏️ 한자의 음을 ☐ 안에 써넣어 더 많은 단어를 알아보아요.

### 독[獨] 홀로

1. 물건을 독차지하여 누리는 것을 ☐점이라고 해요.
2. 형제 없이 혼자 있는 아들을 ☐자라고 해요.

### 립[立] 서다, 세우다

1. 자☐심은 자기 스스로 일어서려는 마음가짐이에요.
2. 공연이 끝나자 사람들은 기☐박수를 쳤어요.

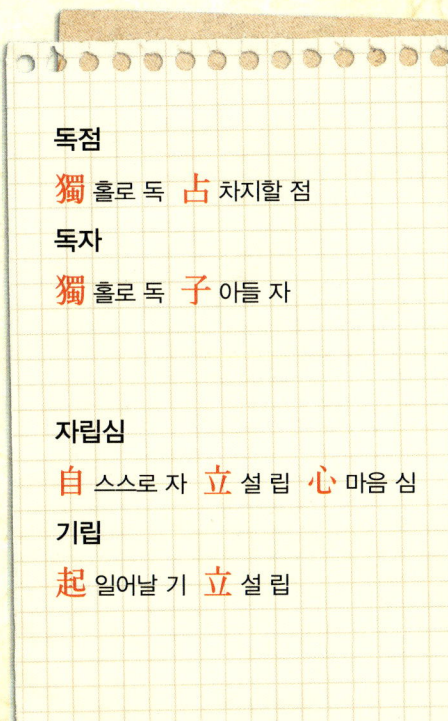

**독점**
獨 홀로 독　占 차지할 점

**독자**
獨 홀로 독　子 아들 자

**자립심**
自 스스로 자　立 설 립　心 마음 심

**기립**
起 일어날 기　立 설 립

## 콕콕! 단어 확인!

✏️ 다음 ☐ 안에 알맞은 단어를 써 보세요.

1. 신미년에 미국이 통상을 요구하며 일으킨 난리를 ☐☐☐☐라고 한다.
2. ☐☐☐☐☐는 일본 제국이 강제로 우리나라를 차지한 시기이다.
3. 일제의 통치에서 벗어나 우리나라가 독자적으로 일어서려는 운동을 ☐☐☐☐이라고 한다.

빛을 되찾은 날, 광복절　135

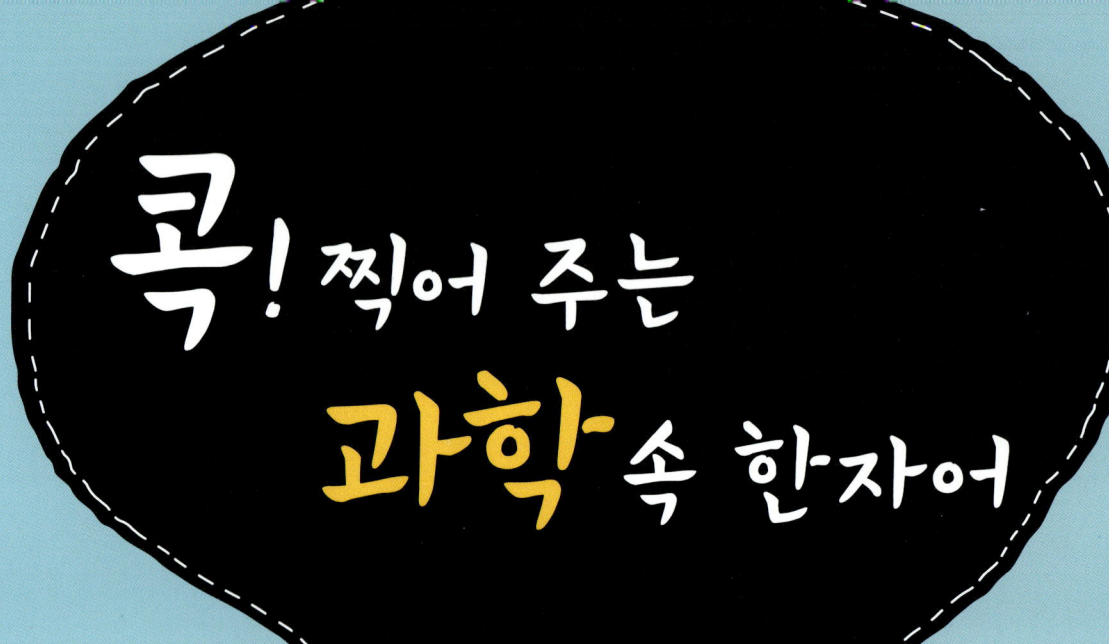

자세히 살펴보자, **관찰** 138

실험의 첫 단계, **문제 인식** 142

번개 기운, **전기** 146

전기를 이끄는 물체, **도체** 150

빛을 받자, **광합성 작용** 154

아주 작은 생물, **미생물** 158

음식물이 사라져요, **소화** 162

녹아라! 풀어져라! **용해** 166

물체의 빠르기, **속력** 170

우주의 거대한 빛, **태양** 174

관찰에 필요한 기구

# 자세히 살펴보자, 관찰

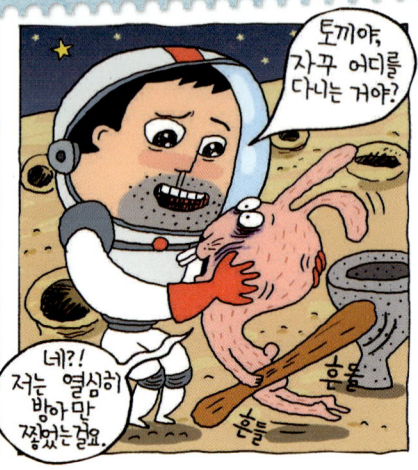

**관찰**
**觀 察**
볼 관　살필 찰

냇가에 가만히 앉아 물속을 들여다본 적 있나요? 물고기는 떼를 지어 헤엄치다 발걸음 소리에 화들짝 놀라 바위 밑으로 숨어 버리기도 하지요. 이렇게 사물을 주의 깊게 보고[觀] 자세히 살펴보는[察] 것을 관찰이라고 해요. 우리는 관찰을 통해 주위에서 일어나는 일들을 자세히 알 수 있답니다.

138 과학

그런데 사물이 너무 작거나 멀리 있으면 제대로 관찰할 수 없지요? 그럴 때는 현미경이나 망원경을 가지고 사물을 관찰하면 돼요. 현미경은 아주 작은[微] 물체를 잘 나타나[顯] 보이도록 하는 거울[鏡]이에요. 음식물이 상했을 때 현미경으로 관찰하면 세균의 모습을 살펴볼 수 있지요.

**현미경**
顯微鏡
나타날 현 작을 미 거울 경

**현미경은 누가 만들었을까?**

현미경은 1590년경 네덜란드의 얀센 부자(父子)가 해양 탐사를 하려고 만들었어요. 그 후, 1660년경 네덜란드의 청소부이자 발명가인 레벤후크가 지금의 현미경을 탄생시켰답니다. 이때부터 식물의 세포, 치아 속의 박테리아, 연못에 사는 작은 생물 등 여러 가지 생물의 모습을 관찰하고 기록할 수 있었답니다.

멀리 있는 사물은 망원경으로 관찰할 수 있어요. 망원경은 멀리[遠] 있는 물체를 크고 정확하게 보이도록[望] 하는 거울[鏡]이지요. 망원경은 대물렌즈의 종류에 따라 볼록 렌즈를 사용하는 굴절 망원경과 오목 거울을 사용하는 반사 망원경으로 나눌 수 있어요.

**망원경**
望遠鏡
바라볼 망 멀 원 거울 경

우리 주위에서 쉽게 접할 수 있는 망원경으로는 두 눈으로 먼 거리의 물체를 볼 수 있는 쌍안경과 우주의 모습을 정확하게 관찰할 수 있는 천체 망원경이 있지요.

현미경과 망원경의 구조를 알아봅시다.

| 접안렌즈 | 눈[眼]과 가까이 하는[接] 렌즈 |
|---|---|
| 대물렌즈 | 물체[物]와 마주하는[對] 렌즈 |
| 재물대 | 물체[物]를 얹어[載] 놓는 곳[臺] |
| 반사경 | 빛을 되돌려[反] 쏘는[射] 거울[鏡] |

### 접안렌즈
接 眼 렌즈
가까이할 접　눈 안

### 대물렌즈
對 物 렌즈
마주할 대　사물 물

### 재물대
載 物 臺
실을 재　사물 물　대 대

### 반사경
反 射 鏡
되돌릴 반　쏠 사　거울 경

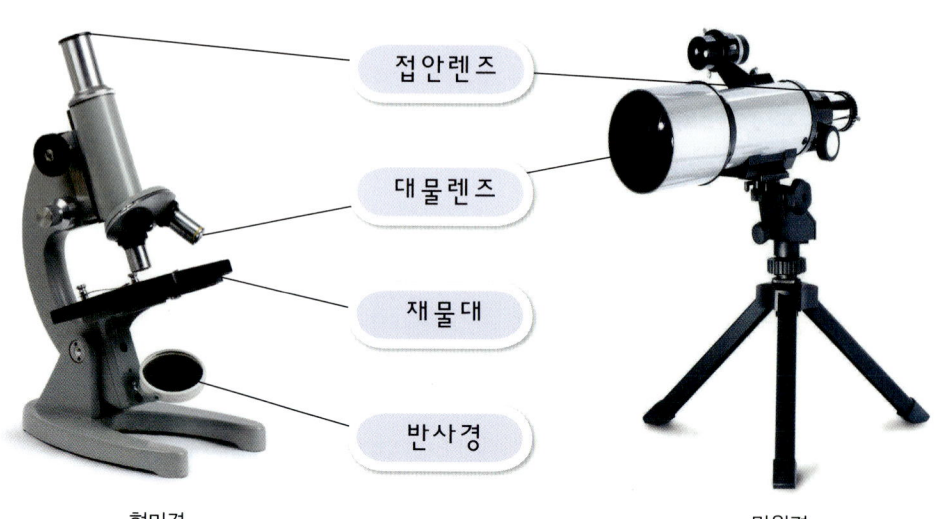

현미경　　　　　　　　망원경

## 한자, 꼬리에 꼬리를 물고

한자의 음을 ☐ 안에 써넣어 더 많은 단어를 알아보아요.

### 망 [望] 바라보다, 바라다

1 멀리 내다볼 수 있도록 높이 만든 대를 전☐대라고 해요.
2 앞일을 기대하고 바라는 것을 희☐이라고 해요.

**전망대**
展 펼 전  望 바라볼 망  臺 대 대

**희망**
希 바랄 희  望 바랄 망

### 원 [遠] 멀다, 오래다

1 멀고 가까운 거리에 대한 느낌을 ☐근감이라고 해요.
2 어떤 상태가 끝없이 이어짐을 영☐이라고 해요.

**원근감**
遠 멀 원  近 가까울 근  感 느낄 감

**영원**
永 길 영  遠 멀 원

다음 ☐ 안에 알맞은 단어를 써 보세요.

1 사물을 주의 깊게 보고 자세히 살펴보는 것을 ☐☐이라고 한다.

2 ☐☐☐은 아주 작은 물체를 잘 보이도록 하는 기구이다.

3 ☐☐렌즈

☐☐☐

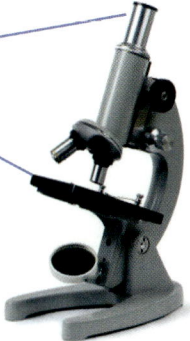

자세히 살펴보자, 관찰  141

**실험 수행 과정**

# 실험의 첫 단계, 문제 인식

**문제 인식**
**問題認識**
물을 문 물음 제 알 인 알 식

봄에는 왜 꽃이 필까? 가을에는 왜 잎이 노랗게 물들까? '왜 그런 걸까?'하고 질문을 던지는 것이 바로 문제 인식의 첫 단계입니다. 문제 인식은 문제[問題]를 정확히 판단하고 아는[認識] 것이지요. 예를 들어, 베란다에 놓아둔 고구마 싹이 똑바로 자라지 않아 궁금증이 생겼다면? 문제를 인식한 거랍니다.

문제를 인식했다면, 아는 지식과 경험을 바탕으로 그 까닭을 생각해 보아야겠지요. '아! 고구마 싹은 해가 드는 방향으로 휘었으니 햇빛 때문일 거야.' 이렇게 관찰한 내용을 바탕으로 임시로[假] 이론[說]을 만들어[設] 정해[定] 두는 것을 가설 설정이라고 한답니다.

**가설 설정**
**假說設定**
임시로 가  말 설  세울 설  정할 정

가설이 설정되었다면 정말로 그러한지 실험을 해야지요! 어떤 고구마는 햇빛을 보여 주고, 어떤 고구마는 햇빛을 보여 주지 않아요. 그러나 그 외의 화분 크기, 고구마 크기, 물의 양 등은 똑같이 해야지요. 이때 햇빛처럼 실험에 변화[變]를 주는 원인[因]을 변인이라고 하고, 햇빛 외에 실험에 영향을 줄 몇 가지 변인[變因]을 모두[統] 일정하게 억제하는[制] 것을 변인 통제라고 해요.

**변인**
**變因**
변할 변  원인 인

**변인 통제**
**變因統制**
변할 변  원인 인  거느릴 통  억제할 제

실험의 첫 단계, 문제 인식

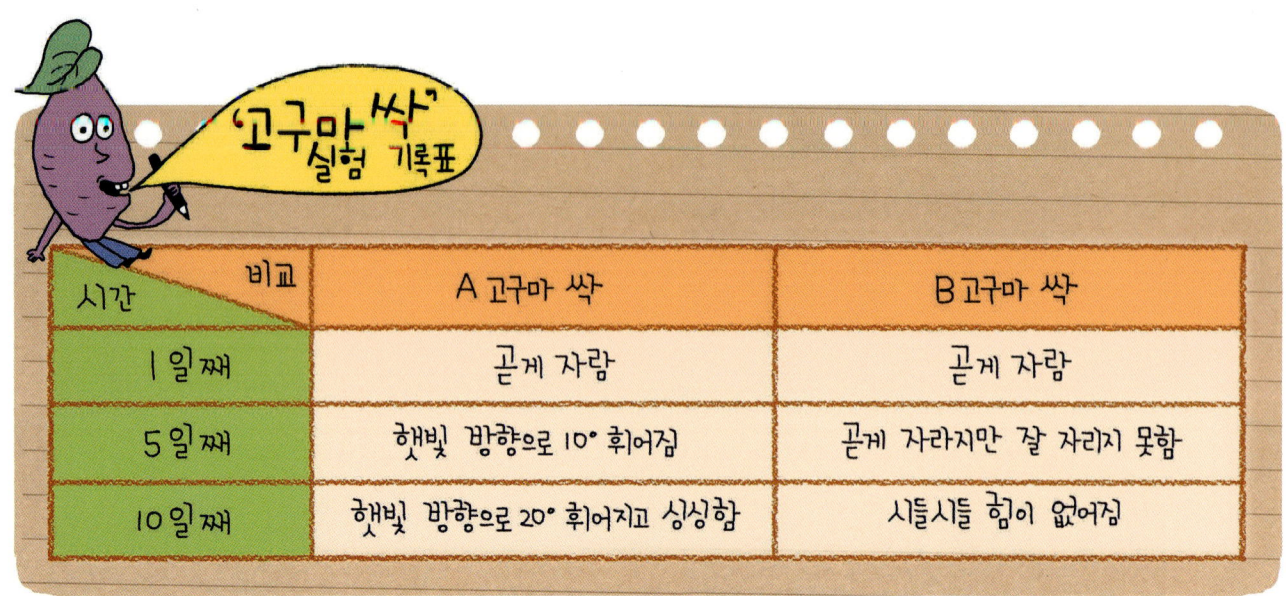

### 자료 해석
## 資 料 解 釋
바탕 자 　 재료 료 　 풀 해 　 풀 석

고구마 싹 실험 과정을 적은 기록표네요. 위 기록표를 보면 '아! 햇빛이 드는 방향으로 싹이 점점 휘는구나!', '햇빛이 안 드는 곳의 싹은 시들었네!'라고 생각이 들 거예요. 이렇게 자료[資料]를 보고 그 의미를 풀어내는[解釋] 것을 자료 해석이라고 하지요.

### 결론 도출
## 結 論 導 出
맺을 결 　 말할 론 　 이끌 도 　 날 출

자료를 정확히 해석하면 '고구마 싹이 휘는 이유는 햇빛 때문이었어. 그리고 햇빛은 식물이 크는 데 중요한 역할을 하는구나!'라는 결론을 내릴 수 있지요. 이때 결론[結論]을 이끌어[導] 내는[出] 과정을 결론 도출이라고 한답니다. 결론은 꼭 가설과 같지 않을 수도 있어요. 가설은 '임시로' 세운 이론일 뿐이니까요!

## 한자, 꼬리에 꼬리를 물고

✏️ 한자의 음을 ☐ 안에 써넣어 더 많은 단어를 알아보아요.

### 통[統] 거느리다

1 국가를 대표하여 나라를 다스리는 사람을 대☐령이라고 해요.
2 나라나 지역을 도맡아 다스리는 것을 ☐치라고 해요.

### 제[制] 억제하다

1 원하지 않는 일을 억지로 시키는 것을 강☐라고 해요.
2 스스로 자기의 감정과 욕구를 억누르는 것을 자☐라고 해요.

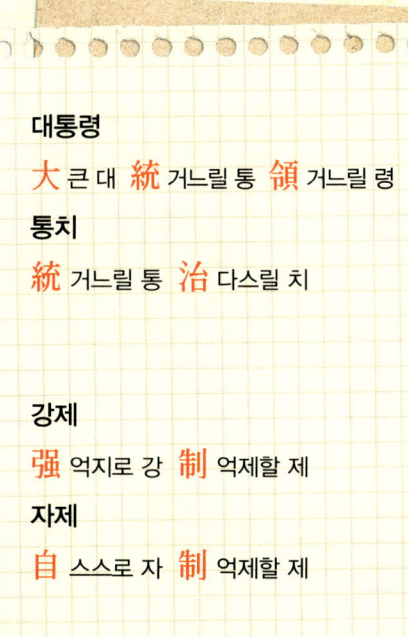

**대통령**
大 큰 대  統 거느릴 통  領 거느릴 령

**통치**
統 거느릴 통  治 다스릴 치

**강제**
强 억지로 강  制 억제할 제

**자제**
自 스스로 자  制 억제할 제

---

### 콕콕! 단어 확인!

✏️ 다음 ☐ 안에 알맞은 단어를 써 보세요.

1 실험을 하기 전 문제를 정확히 판단하고 아는 것을 ☐☐ ☐☐이라고 한다.

2 실험에 변화를 주는 원인을 ☐☐이라고 한다.

✏️ 다음 ( ) 안에 알맞은 실험 수행 과정을 써 보세요.

문제 인식 ➡ (      ) ➡ 실험 ➡ 자료 해석 ➡ (      )

### 전기와 전지

# 번개 기운, 전기

**전기**
電 氣
번개 전  기운 기

비 오는 날 번쩍하고 번개가 내리치지요. 번개는 순식간에 밝은 빛이 일어나 주위가 온통 환해질 만큼 엄청난 에너지가 숨어 있답니다. 벼락을 맞은 나무는 새까맣게 타버리기도 하고 사람이 맞으면 죽을 수도 있지요. 이렇게 엄청난 번개[電]의 기운[氣]을 전기라고 한답니다.

하지만 전기가 꼭 위험한 것만은 아니에요. 전기를 잘 이용하면 우리 생활이 아주 윤택해지지요. 어두운 밤거리에 가로등을 켤 수 있고 전기밥솥으로 맛있는 밥도 지어 먹을 수 있답니다.

전기는 정확히 두 가지 종류가 있어요. 하나는 전류이고 하나는 정전기지요. 전류는 말 그대로 흐르는[流] 전기[電]를 말해요. 전류의 흐르는 성질 때문에 전기 제품을 이용할 수 있어요. 겨울에 머리를 빗다 보면 머리카락이 붕 떠 빗에 달라붙은 경험이 다들 있지요? 이때 생기는 전기가 고요히[靜] 머물러 있는 전기[電氣], 바로 정전기랍니다.

**전류**
電流
전기 전  흐를 류

**정전기**
靜電氣
고요할 정  전기 전  기운 기

전기[電]가 흐르는 줄[線]이 전선이에요. 전선은 전기가 잘 흐르는 구리, 은, 알루미늄에 전기가 흐르지 않는 고무나 플라스틱으로 감싸 안전하게 전기를 전달하지요. 하지만 전기가 만들어지는 발전소의 전기는 대단히 세답니다.

**전선**
電線
전기 전  줄 선

### 전지
### 電池
전기 전  연못 지

집 안에서는 전기 플러그를 콘센트에 꽂으면 선풍기가 돌아가지요? 하지만 집 밖에서는? 그럴 때는 전지를 넣으면 해결된답니다. 전지는 전기[電]를 가득 모아둔 연못[池]이라는 뜻처럼 많은 전기가 모여 있어요.

전지는 1800년경 이탈리아 과학자 볼타가 발견했어요. 볼타는 전기를 가지고 놀다가 은 동전과 아연 동전 사이에 혓바닥을 대었지요. 이때 '찌릿!'하는 느낌을 받자 혓바닥 대신에 물을 적신 천 조각을 대었어요. 이것이 세계 최초의 전지랍니다.

볼타 전지

### 건전지
### 乾電池
마를 건  전기 전  연못 지

### 충전지
### 充電池
찰 충  전기 전  연못 지

그러나 실생활에 사용하기에는 너무 크고 축축하였어요. 그래서 겉을 금속으로 감싼 마른[乾] 전지[電池]인 건전지가 발명되었답니다. 요즘은 전기를 다 쓰면 다시 채워[充] 쓸 수 있는 전지[電池]인 충전지도 많이 쓰지요.

## 한자, 꼬리에 꼬리를 물고

한자의 음을 ☐ 안에 써넣어 더 많은 단어를 알아보아요.

### 전 [電] 전기

1. 몸에 전기가 흘러 충격받는 것을 감☐이라고 해요.
2. 전류를 통하여 빛을 내는 공은 ☐구지요.

### 기 [氣] 기운, 공기

1. 상황에 따라 느껴지는 감정을 ☐분이라고 해요.
2. 수증☐는 기체 상태로 된 물이에요.

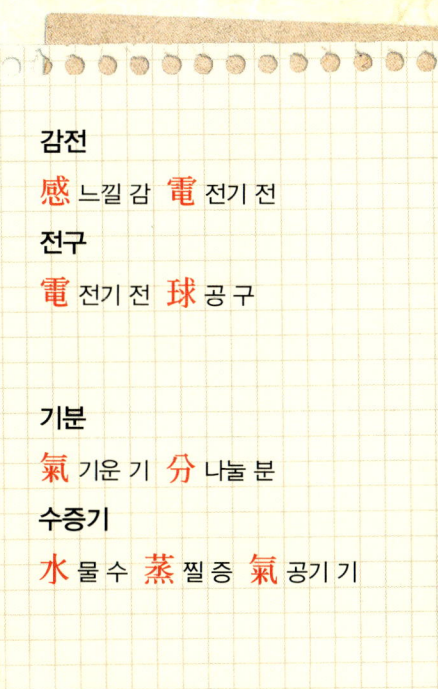

감전
感 느낄 감  電 전기 전
전구
電 전기 전  球 공 구

기분
氣 기운 기  分 나눌 분
수증기
水 물 수  蒸 찔 증  氣 공기 기

## 콕콕! 단어 확인!

다음 ☐ 안에 알맞은 단어를 써 보세요.

1. 번개의 기운을 ☐☐라고 한다.
2. 흐르는 전기를 ☐☐라고 하고, 고요히 머물러 있는 전기를 ☐☐☐라고 한다.
3. ☐☐는 물이 가득한 연못처럼 많은 전기가 모여 있다.
4. ☐☐☐는 겉을 금속으로 감싼 마른 전지이다.

번개 기운, 전기

### 도체와 부도체

# 전기를 이끄는 물체, 도체

전선은 손으로 잡아도 '찌릿!'하고 전기가 통하지 않아요. 왜 그럴까요? 그건 전기가 통하지 않는 물체로 싸여 있기 때문이에요.

**도체**
導 體
이끌 도  물체 체

전기가 흐르도록 이끄는[導] 물체[體]를 도체라고 해요. 쉽게 말해 전기가 통하는 물체를 말하지요. 전기는 철이나 물을 좋아해요. 그래서 70%가 수분인 사람의 몸이나 구리, 쇠, 알루미늄 같은 것에 잘 흐르지요.

반면 전기를 이끌지[導] 못하는[不] 물체[體]를 부도체라고 하지요. 부도체는 도체가 아닌 것, 즉 전기가 통하지 않는 물체를 말해요. 부도체에는 플라스틱, 유리, 고무, 비닐 같은 것이 있답니다.

**부도체**
**不導體**
아닐 부  이끌 도  물체 체

주변에 보이는 도체를 적어 보세요.

주변에 보이는 부도체를 적어 보세요.

전류가 흐르려면 전지, 전선, 스위치, 전구가 필요해요. 이것을 차례 대로 연결해 놓은 것을 전기 회로라고 합니다. 전기 회로는 전기[電氣]가 빙글빙글 도는[回] 길[路]로 전기를 쓰는 어느 곳이나 깔려 있답니다. 형광등의 전기 회로도 천장이나 벽 속에 숨어 있지요.

**전기 회로**
**電氣回路**
번개 전  기운 기  돌 회  길 로

### 전기 회로도
電 氣 回 路 圖
번개 전　기운 기　돌 회　길 로　그림 도

전기[電氣] 회로[回路]를 간편하게 그림[圖]으로 그린 것이 전기 회로도예요. 전기 회로도를 살펴보면 전기가 잘 통할지, 전기가 어떤 길로 이동하는지 알 수 있답니다.

### 직렬연결
直 列 連 結
곧을 직　줄 렬　이을 련　맺을 결

전기 회로에서 직렬연결은 전지를 곧게[直] 일렬로 줄[列] 세워 연결[連結]하는 방법을 말하고, 병렬연결은 전지를 나란히[竝] 줄[列] 세워 연결[連結]하는 방법을 말하지요.

### 병렬연결
竝 列 連 結
나란할 병　줄 렬　이을 련　맺을 결

## 한자, 꼬리에 꼬리를 물고

✏️ 한자의 음을 ☐ 안에 써넣어 더 많은 단어를 알아보아요.

### 직 [直] 곧다

1 중간에 다른 것을 거치지 않고 바로 접하는 것을 ☐접이라고 해요.

2 마음이 바르고 곧은 것을 정☐이라고 해요.

### 병 [竝] 나란하다

1 두 가지 이상을 아울러 같이 쓰는 것을 ☐용이라고 해요.

2 두 가지 일을 한꺼번에 하는 것을 ☐행이라고 해요.

---

**직접**
直 곧을 직 接 접할 접
**정직**
正 바를 정 直 곧을 직

**병용**
竝 나란할 병 用 쓸 용
**병행**
竝 나란할 병 行 할 행

---

### 콕! 콕! 단어 확인!

✏️ 다음 중 도체인 사물에 ○ 해 보세요.

전기를 이끄는 물체, 도체

식물의 구조와 기능

# 빛을 받자, 광합성 작용

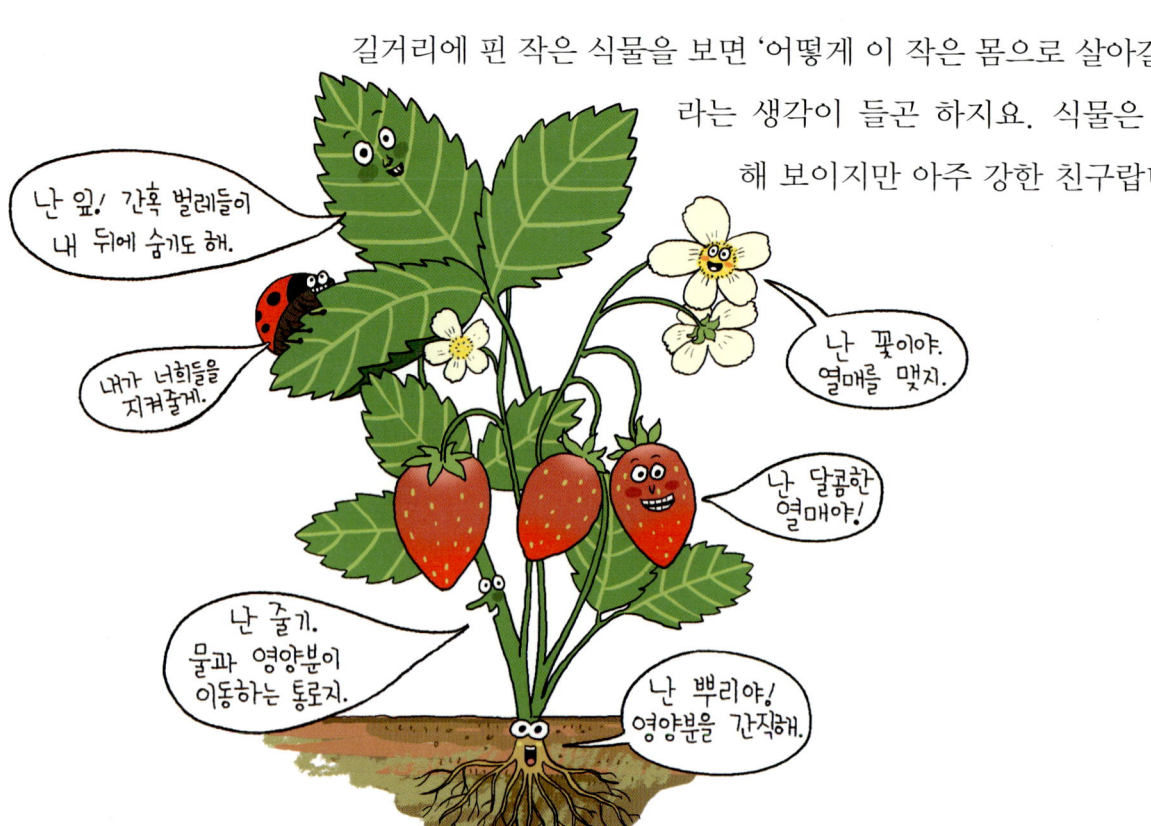

길거리에 핀 작은 식물을 보면 '어떻게 이 작은 몸으로 살아갈까?' 라는 생각이 들곤 하지요. 식물은 연약해 보이지만 아주 강한 친구랍니다.

살랑살랑 바람이 불어도 봉숭아는 넘어지지 않지요? 그건 뿌리가 있기 때문이에요. 뿌리는 땅속에 묻혀 식물을 지탱하고[支] 거센 바람에도 버티게[持] 해 주는 작용[作用]을 하지요. 이러한 뿌리의 작용을 지지 작용이라고 해요.

**지지 작용**
**支持作用**
지탱할 지  버틸 지  일으킬 작  쓸 용

우리는 입으로 물을 마시지만, 식물은 뿌리로 물을 마시지요. 이렇게 물을 빨아들이고[吸] 모아[收] 두는 작용[作用]을 흡수 작용이라고 합니다.

**흡수 작용**
**吸收作用**
마실 흡  거둘 수  일으킬 작  쓸 용

뿌리는 식물의 영양분을 쌓고[貯] 간직하는[藏] 작용[作用]도 해요. 이것을 저장 작용이라고 하지요.

**저장 작용**
**貯藏作用**
쌓을 저  감출 장  일으킬 작  쓸 용

빛을 받자, 광합성 작용  **155**

### 광합성 작용
## 光合成作用
빛 광 · 합할 합 · 이룰 성 · 일으킬 작 · 쓸 용

우리도 햇빛을 보지 못하면 괜히 몸이 찌뿌드드하지요? 식물도 햇빛을 봐야지만 무럭무럭 잘 자란답니다. 식물의 잎은 빛[光]을 받아야 이산화탄소와 물을 합쳐[合] 영양분을 만드는[成] 작용[作用]을 해요. 식물은 이 광합성 작용으로 포도당과 산소를 만들어내지요. 그래서 우리가 숨을 쉬며 살 수 있는 거예요.

### 증산 작용
## 蒸散作用
찔 증 · 흩어질 산 · 일으킬 작 · 쓸 용

잎의 뒷면에서는 물을 수증기[蒸] 상태로 바꿔 공기 중으로 흩어지게[散] 하는 작용[作用]이 일어나요. 이런 증산 작용은 뿌리에서 흡수된 물을 잎으로 끌어올리는 역할을 해 식물의 광합성을 도와준답니다. 또 물이 증발할 때 열도 함께 날아가기 때문에 더운 여름날에도 식물은 죽지 않고 견딜 수 있어요.

## 한자, 꼬리에 꼬리를 물고

 한자의 음을 ☐ 안에 써넣어 더 많은 단어를 알아보아요.

### 지[支] 지탱하다, 가지

1. 다른 것에 몸을 기대 지탱하는 것을 의☐라고 해요.
2. 물의 원줄기에서 갈려 흐르는 물줄기를 ☐류라고 해요.

### 지[持] 지니다

1. 오랫동안 낫지 않는 병을 ☐병이라고 해요.
2. 오랫동안 버티며 견디는 힘을 ☐구력이라고 해요.

---

**의지**
依 기댈 의  支 지탱할 지

**지류**
支 가지 지  流 흐를 류

**지병**
持 지닐 지  病 병 병

**지구력**
持 지닐 지  久 오랠 구  力 힘 력

---

 콕콕! 단어 확인!

다음 중 잎과 뿌리에서 일어나는 작용을 보기에서 골라 써 보세요.

**보기**
- 증산 작용
- 지지 작용
- 흡수 작용
- 저장 작용
- 광합성 작용

잎 ☐

뿌리 ☐

빛을 받자, 광합성 작용  157

작은 생물의 세계

# 아주 작은 생물, 미생물

**서식지**

**棲 息 地**
살서  살식  땅지

생물들은 다양한 곳에서 살아가지요. 주위를 둘러보면 생물이 사는 서식지를 심심치 않게 찾아볼 수 있어요. 서식지란 생물이 주로 머물러 사는[棲息] 땅[地]을 말해요. 나무 위에는 새들이 살고, 축축하고 그늘진 땅에는 달팽이들이 살지요.

작은 생물들은 물이 괸 개울, 연못, 늪, 갯벌 등에 살아요. 이곳은 작은 생물들의 서식지로 흔히 습지라고 말해요. 습지는 물기가 있어 축축한[濕] 땅[地]으로, 수많은 작은 생물이 살아가는 소중한 공간이랍니다. 습지 중에서 가장 유명한 곳은 경상남도 창녕에 있는 우포늪이랍니다. 국가에서도 이 늪의 중요성을 깨달아 생태계 특별 보호 구역으로 정하여 보호하고 있답니다.

**습지**
濕 地
축축할 습  땅 지

우포늪 전경

우포늪 가시연꽃

우포늪 흰뺨검둥오리

습지에는 물방개, 소금쟁이 등 작은 생물도 살고 눈으로 볼 수 없는 아주 작은[微] 생물[生物]인 미생물도 함께 살아가지요. 미생물은 너무 작아서 현미경으로만 관찰할 수 있답니다.

**미생물**
微 生 物
작을 미  살 생  만물 물

아주 작은 생물, **미생물**

### 세균
### 細菌
가늘 세 　 균 균

미생물에는 세균, 효모, 바이러스 등이 있어요. 세균은 아주 가는[細] 균[菌]으로 병을 일으키는 병균도 있지만, 우리 생활에 좋은 영향을 끼치는 균도 있어요. 세균은 음식물을 발효시키거나 물체를 썩게 하여 생태계의 순환에 중요한 역할을 하지요. 만약 세균이 없다면! 얼마 지나지 않아 지구는 쓰레기로 넘쳐날 거예요.

**발효 음식이 뭐야?**
효모나 세균 같은 미생물이 음식을 분해하여 우리에게 유익한 물질을 만들어 내는 것이 발효지요. 우리가 많이 먹는 된장, 간장, 김치, 치즈 등은 모두 발효를 거쳐 만들어요.

### 유기 농법
### 有機農法
있을 유 　 기능 기 　 농사 농 　 법 법

작은 생물이나 미생물을 이용하여 농사짓는 방법을 유기 농법이라고 하지요. 유기[有機]물을 이용한 농사[農] 방법[法]은 화학 비료 대신 미생물로 만든 자연 퇴비를 사용하고 천적이나 달팽이 등을 이용하여 농사를 짓는답니다. 그래서 조금 볼품이 없더라도 건강에는 아주 좋지요.

## 한자, 꼬리에 꼬리를 물고

✏️ 한자의 음을 ☐ 안에 써넣어 더 많은 단어를 알아보아요.

### 미[微] 작다

1 소리 없이 빙긋이 웃는 웃음을 ☐소라고 해요.
2 작고 보잘것없는 물건을 ☐물이라고 해요.

### 세[細] 가늘다, 자세하다

1 가랑비를 ☐우라 하지요.
2 낱낱이 자세한 것을 상☐라고 해요.

---

미소
微 작을 미 笑 웃을 소
미물
微 작을 미 物 만물 물

세우
細 가늘 세 雨 비 우
상세
詳 자세할 상 細 자세할 세

---

## 콕콕! 단어 확인!

✏️ 다음 ☐ 안에 알맞은 단어를 써 보세요.

1 생물이 주로 머물러 사는 땅을 ☐☐☐라고 한다.

2 경상남도 창녕에 있는 우포늪과 같은 곳을 ☐☐라고 한다.

3 ☐☐☐은 눈으로 볼 수 없는 아주 작은 생물이다.

4 화학 비료 대신 자연 퇴비를 사용하여 짓는 농법을 ☐☐ 농법이라고 한다.

우리 몸의 여러 기관

# 음식물이 사라져요, 소화

**소화**
**消　化**
사라질 소　될 화

점심을 배부르게 먹어도 친구들과 재미있게 놀다 보면 다시 꼬르륵~ 소리가 나지요? 그건 음식이 소화되었기 때문이랍니다. 소화는 음식이 몸에 흡수될 수 있게 음식의 형태가 사라져[消] 변화하는[化] 것을 말해요. 소화 기관은 소화를 담당하는 기관이에요. 우리가 아는 소화 기관에는 입, 식도, 위, 창자가 있지요.

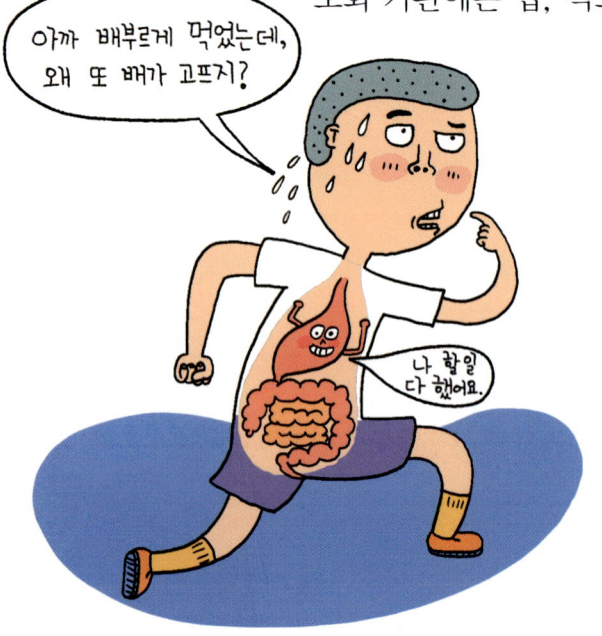

운동을 열심히 할 때나 좋아하는 사람을 봤을 때 심장이 콩닥콩닥 뛰지요? 심장은 힘차게 펌프질하여 온몸으로 피를 보내요. 피가 온몸을 한 바퀴[環] 도는[循] 것을 순환이라고 해요. 피는 혈관을 따라 온몸을 돌아다니며 산소와 영양분, 노폐물을 실어 날라요. 순환 기관에는 심장과 혈관이 있지요.

### 순환
### 循 環
돌 순   고리 환

미술 시간에 물감 불기를 너무 오래 하면 머리가 빙글빙글 정신을 차릴 수가 없어요. 그건 숨을 들이쉬지 않고 너무 많이 내쉬었기 때문이랍니다. 숨을 내쉬고[呼] 들이쉬는[吸] 것을 호흡이라고 해요. 인간은 코, 입, 폐 등으로 호흡하지만, 양서류는 피부로도 호흡한답니다.

### 호흡
### 呼 吸
내쉴 호   들이쉴 흡

음식물이 사라져요, 소화

## 배설
### 排泄
밀칠 배　샐 설

수박을 배불리 먹고 나면 화장실에 자주 들락날락하지요? 왜냐하면, 필요 없는 노폐물을 몸 밖으로 내보내기 위해서랍니다. 우리 몸은 음식물을 통해 영양분과 에너지를 얻고 그 찌꺼기는 콩팥이나 땀샘 등을 통해 밖으로 내보내지요. 이렇게 우리 몸 밖으로 밀려[排] 나가게 하거나 새어[泄] 나가게 하는 것을 배설이라고 해요. 배설을 담당하는 기관에는 콩팥, 방광, 땀샘 등이 있답니다.

## 감각
### 感覺
느낄 감　깨달을 각

어둠과 밝음, 향기와 악취, 조용함과 시끄러움, 달고 심, 차갑고 뜨거움은 감각 기관을 통해 알 수 있어요. 감각은 눈, 코, 귀, 혀, 살갗을 통하여 느끼고[感] 깨닫는[覺] 것이에요. 이 다섯 가지 감각을 오감이라고 합니다.

## 한자, 꼬리에 꼬리를 물고

✏️ 한자의 음을 ☐ 안에 써넣어 더 많은 단어를 알아보아요.

### 감 [感] 느끼다

1 깊이 느껴 마음이 움직이는 것을 ☐동이라고 해요.
2 남의 생각에 자기도 그렇다고 느끼는 것을 공☐이라고 해요.

### 각 [覺] 깨닫다, 나타나다

1 남보다 먼저 세상일을 깨달은 사람을 선☐자라고 해요.
2 숨기던 것이 드러나는 것을 발☐이라고 해요.

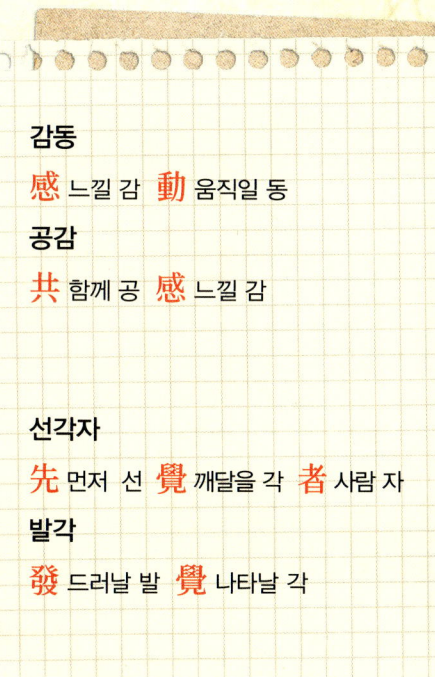

감동
感 느낄 감 動 움직일 동
공감
共 함께 공 感 느낄 감

선각자
先 먼저 선 覺 깨달을 각 者 사람 자
발각
發 드러날 발 覺 나타날 각

## 콕콕! 단어 확인!

✏️ 다음 ☐ 안에 알맞은 단어를 써 보세요.

1 심장과 혈관은 ☐☐ 기관이다.

2 우리 몸의 노폐물을 몸 밖으로 내보내는 ☐☐ 기관에는 콩팥, 방광, 땀샘 등이 있다.

3 눈, 코, 귀, 혀, 살갗을 통하여 느끼고 깨닫는 것을 ☐☐이라고 한다.

음식물이 사라져요, 소화

## 용해와 용액

# 녹아라! 풀어져라! 용해

열심히 운동하고 난 후 땀이 눈에 들어가면 따갑지요? 이것은 땀에 소금 성분이 녹아 있기 때문이에요. 하지만 그 양이 너무 적기 때문에 우리 눈으로 볼 수 없답니다.

자, 아래 그림을 볼까요?

소금물은 소금이 물에 녹아 있는 것이지요? 이때 물에 녹아 있는 소금을 용질이라고 해요. 용질은 어떤 물질에 녹는[溶] 물질[質]을 말한답니다. 질(質)은 '바탕'이라는 뜻도 있지만, '물질'이라는 뜻도 있어요. 용질은 소금처럼 고체일 수도 있고 액체일 수도 있고 기체일 수도 있답니다.

**용질**
溶 質
녹을 용  물질 질

용매는 어떠한 물질이 녹도록[溶] 도와주는[媒] 액체예요. 소금을 녹이는 물이 바로 용매가 되는 거랍니다. 용질은 '녹는 물질', 용매는 '녹이는 물질'이라고 기억해 두세요!

**용매**
溶 媒
녹을 용  도와줄 매

소금은 물을 만나면 단단했던 알갱이가 스르르 녹아[溶] 모양과 색이 물속으로 풀어져[解] 버리지요? 이 과정을 용해라고 한답니다. 완전히 용해가 되면 바닥에 가라앉는 물질이 없답니다.

**용해**
溶 解
녹을 용  풀 해

녹아라! 풀어져라! 용해

### 용액
### 溶液
녹을 용  액체 액

용액은 소금물처럼 소금이라는 용질이 녹아[溶] 있는 액체[液]를 말해요. 소금이 물에 용해되면 소금이 보이지 않아요. 하지만 눈에 보이지 않는다고 사라지는 것은 아니에요. 소금은 작은 알갱이로 변해 물 사이사이로 끼어들어 갔기 때문에 보이지 않는 거예요. 그래서 용액의 무게도 늘어나는 거랍니다.

소금을 많이 녹이려면 어떻게 해야 할까요? 물을 많이 넣거나 물의 온도를 높여주면 그만큼 소금도 더 많이 녹일 수 있어요. 즉 용매의 양과 온도는 용질의 양을 결정하는 중요한 역할을 한답니다.

### 결정
### 結晶
맺을 결  밝을 정

소금물 용액을 가열하면 어떻게 될까요? 물은 다 증발해서 없어지고 하얗고 투명한 소금 결정만 남아요. 결정은 증발시키거나 온도를 낮췄을 때 맺히는[結] 밝고[晶] 투명한 고체를 말하지요.

## 한자, 꼬리에 꼬리를 물고

한자의 음을 □ 안에 써넣어 더 많은 단어를 알아보아요.

### 결 [結] 맺다

1. 설명하는 말이나 글의 끝맺는 부분을 □론이라고 해요.
2. □초보은은 '풀을 묶어 은혜를 갚는다.'라는 뜻의 고사성어예요.

### 해 [解] 풀다, 이해하다

1. 독기를 풀어 없애 버리는 것을 □독이라고 해요.
2. 그릇되게 이해하는 것을 오□라고 해요.

**결론**
結 맺을 결  論 논할 론

**결초보은**
結 맺을 결  草 풀 초
報 갚을 보  恩 은혜 은

**해독**
解 풀 해  毒 독 독

**오해**
誤 그릇될 오  解 이해할 해

### 콕콕! 단어 확인!

다음 □ 안에 들어갈 알맞은 단어를 보기에서 골라 써 보세요.

| 보기 | 용질 | 용액 | 용매 | 용해 |

```
        □□
소금  +  물  →  소금물
□□     □□       □□
```

## 물체의 속력

# 물체의 빠르기, 속력

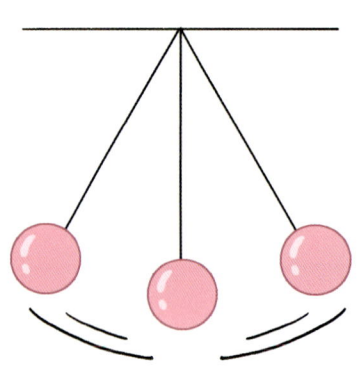

**운동**
**運 動**
움직일 운  움직일 동

달리기나 줄넘기처럼 몸을 움직이는 것을 운동이라고 하지요. 하지만 과학에서 운동은 시간에 따라 물체가 움직여[運動] 위치가 변하는 것을 말한답니다. 이제 '운동하는 물체의 속력'이라는 말은 '움직이는 물체의 속력'이라는 뜻인지 알겠지요?

자동차 계기판이 숫자 60을 가리키고 있네요. 이것은 차가 60km/h의 속력으로 달린다는 뜻입니다. 속력이란 빠르기를 나타내는 단위 중 하나로, 일정한 시간 동안 이동한 거리를 뜻하지요. 속력을 말 그대로 풀이하면 빠르게[速] 가는 힘[力]이에요.

**속력**
**速 力**
빠를 속   힘 력

예를 들어, 지렁이와 달팽이가 같은 목적지까지 서로 다른 길로 갔다고 생각해 봐요. 지렁이는 구불구불한 길로 돌아가고 달팽이는 직선 지름길로 갔어요. 모두 같은 시간에 도착했다면? 구불구불한 길로 간 지렁이가 더 빠른 속력으로 온 거예요. 왜냐하면, 같은 시간 동안 이동한 거리가 더 많기 때문이지요.

속력과 비슷한 뜻으로 속도라는 말도 있어요. 속도도 빠르기를 뜻하는 단위인데 대신 방향의 변하는 정도[度]를 고려한 빠르기[速]지요. 하지만 속력과 속도는 일상생활에서 거의 구분 없이 빠르기의 뜻으로 쓰인답니다.

**속도**
**速 度**
빠를 속   정도 도

### 광속 光速
빛 광 / 빠를 속

흔히 빨리 갈 때 '빛의 속도로 사라진다.'라고 하지요? 이때 빛의 속도를 광속이라고 해요. 광속은 빛[光]의 빠르기[速]라는 뜻이에요. 빛은 1초에 약 30만km를 간다고 해요. 너무 빨라 움직이는 모습을 절대로 볼 수 없답니다.

### 음속 音速
소리 음 / 빠를 속

소리도 속도가 있어요. 소리[音]의 빠르기[速]를 음속이라고 하는데 1초에 약 340m를 간다고 해요. 빛보다는 느리지만, 소리도 대단히 빠른 거랍니다.

### 마찰 摩擦
비빌 마 / 비빌 찰

속도가 있는 물체는 언젠가 정지한답니다. 운동장에 굴러가는 공도 땅과의 마찰 때문에 서게 되지요. 마찰은 두 물체가 서로 닿아[摩] 비벼져[擦] 충돌이 생기는 거예요. 만약 마찰이 없다면, 공은 멈추지 않고 온종일 굴러다닐 거예요.

## 한자, 꼬리에 꼬리를 물고

✏️ 한자의 음을 ☐ 안에 써넣어 더 많은 단어를 알아보아요.

### 광 [光] 빛

1. ☐복절은 빼앗겼던 나라의 주권을 다시 찾은 날이에요.
2. 어둠 속에서 빛을 내는 것을 야☐이라고 해요.

### 음 [音] 소리

1. 높은 소리를 고☐이라고 해요.
2. 사람의 목소리나 말소리를 ☐성이라고 해요.

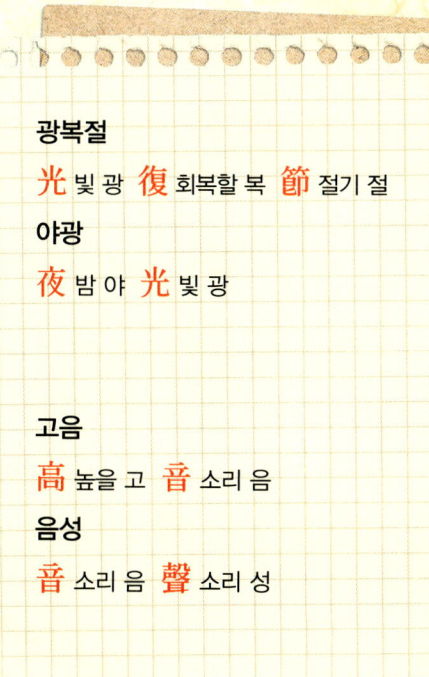

**광복절**
光 빛 광  復 회복할 복  節 절기 절

**야광**
夜 밤 야  光 빛 광

**고음**
高 높을 고  音 소리 음

**음성**
音 소리 음  聲 소리 성

---

 콕!콕! 단어 확인!

✏️ 다음 설명의 알맞은 단어에 ○ 해 보세요.

1. 방향의 변하는 정도를 고려한 빠르기는 (속력, 속도)이다.

2. 비 오는 날 번개가 먼저 치는 것은 (소리, 빛)이/가 (소리, 빛)보다 더 빠르기 때문이다.

3. 소리의 빠르기는 (음속, 광속)이다.

4. 운동하는 물체가 서는 것은 (속도, 마찰) 때문이다.

물체의 빠르기, 속력

**태양계와 별**

# 우주의 거대한 빛, 태양

**태양**
太 陽
클 태  볕 양

**항성**
恒 星
항상 항  별 성

우주에는 수많은 별이 있지만, 그 중심에는 태양이 있어요. 태양은 우주에서 거대한[太] 빛[陽]을 내는 물체지요. 혹시 '태양은 동쪽에서 뜨고 서쪽으로 진다.'라는 말을 들어본 적 있나요? 사실 태양은 항상 그 자리에 있답니다. 지구가 태양 주위를 돌기 때문에 그렇게 느낄 뿐이지요. 그래서 태양을 움직이지 않고 항상[恒] 그 자리에 있는 별[星], 항성이라 한답니다.

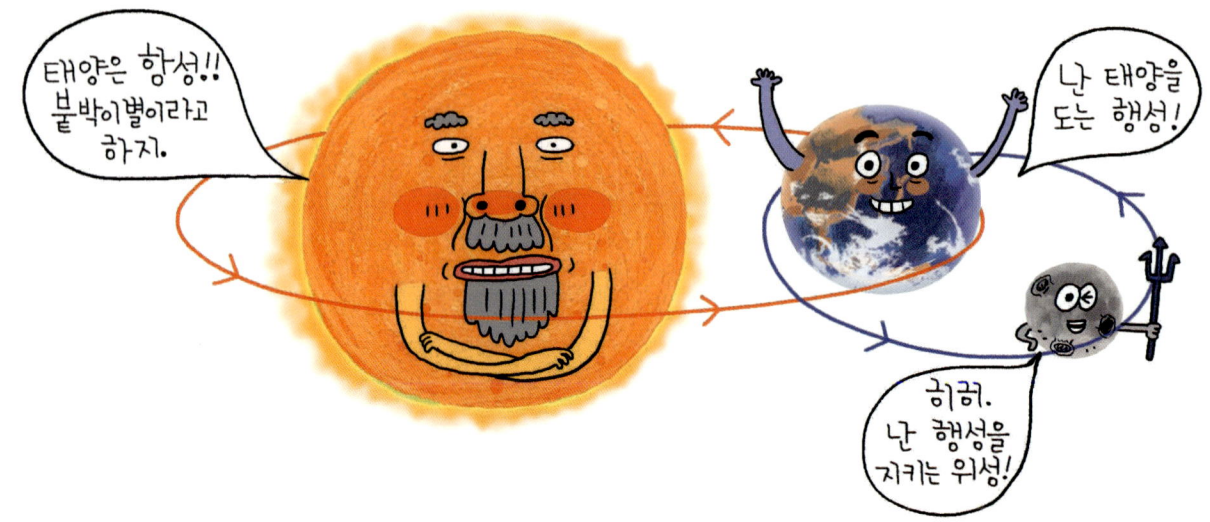

행성은 늘 항성 주위를 돌아다니는[行] 별[星]이에요. 행성에는 수성, 금성, 지구, 화성, 목성, 토성, 천왕성, 해왕성 이렇게 여덟 개의 별이 있지만, 행성마다 태양과 떨어진 거리가 달라서 한 바퀴 도는 시간도 제각각이지요. 수성은 태양과 제일 가까워 한 바퀴 도는 데 88일 정도 걸린다고 해요.

**행성**
行 星
다닐 행　별 성

행성 주위를 도는 별도 있어요. 이것을 위성이라고 합니다. 위성은 멀리서 보면 행성을 지키는 것처럼 보여요. 그래서 이름을 지키는[衛] 별[星]이라는 뜻인 위성이라고 붙였답니다. 우리가 잘 아는 달도 지구의 위성이에요.

**위성**
衛 星
지킬 위　별 성

우주의 거대한 빛, 태양　175

### 태양계

**太陽系**
클 태 · 볕 양 · 이을 계

태양은 주위에 여러 행성·위성과 관계를 맺고 있지요. 태양[太陽]을 중심으로 이어진[系] 별들의 집단을 태양계라고 한답니다. 태양계에는 여덟 개의 행성과 수많은 위성이 서로 가족을 이루며 살고 있지요.

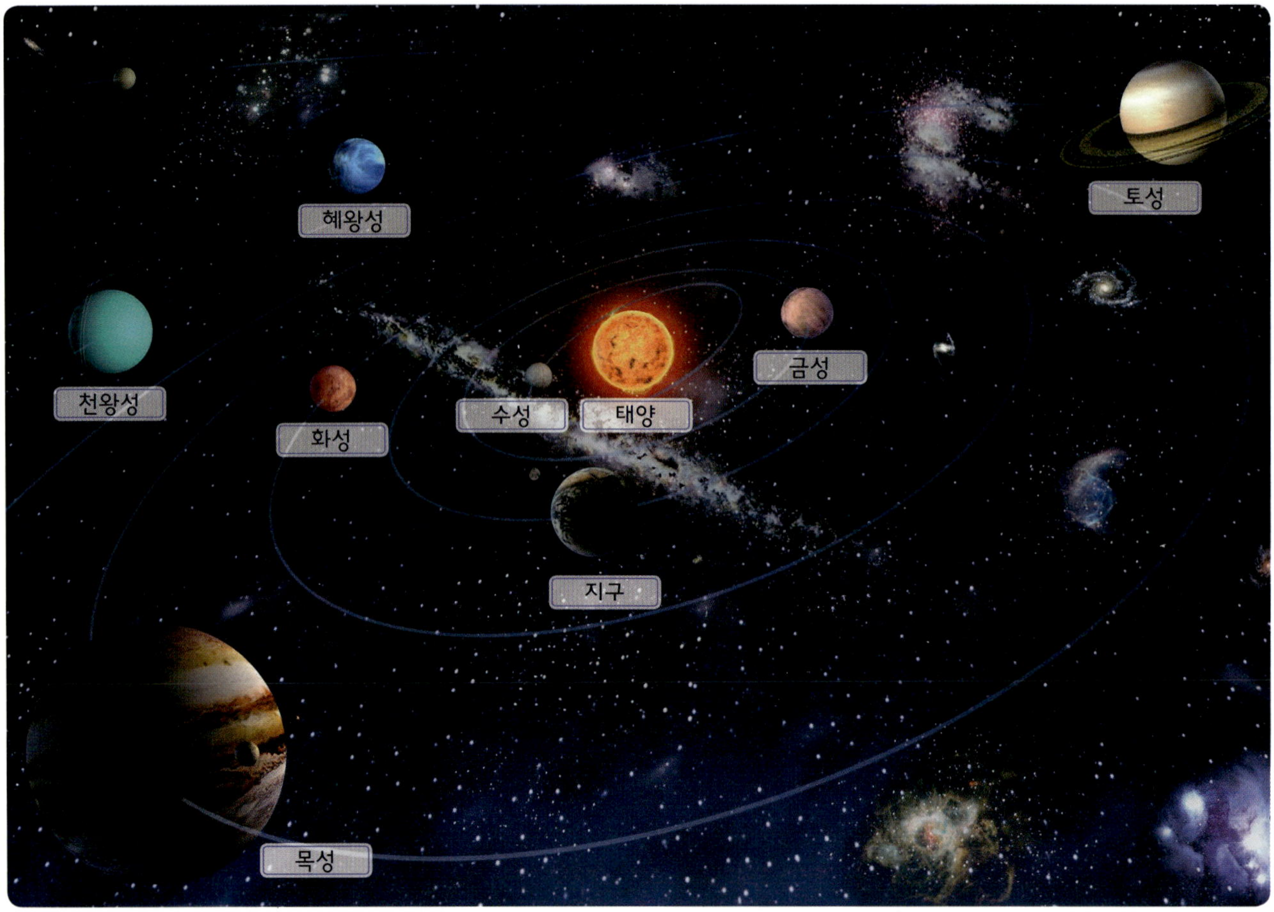

**달은 어떻게 생겼어?**
달은 지구의 약 $\frac{1}{4}$ 크기로 지구처럼 흙과 돌이 있어요. 하지만, 물과 바다는 없답니다. 달은 운석이 많이 떨어져 표면이 울퉁불퉁하기도 해요. 또 스스로 빛을 내지 못하고 태양빛을 받아 빛을 낸답니다.

## 한자, 꼬리에 꼬리를 물고

 한자의 음을 □ 안에 써넣어 더 많은 단어를 알아보아요.

### 행 [行] 다니다, 행동

1 여□을 하면 새로운 경험을 많이 하지요.
2 말과 행동이 하나로 같을 때 언□일치라고 해요.

### 성 [星] 별

1 큰 별이라는 뜻으로, 뛰어난 인물을 일러 거□이라고 해요.
2 신라 시대 유물에는 별을 관찰하는 첨□대가 있지요.

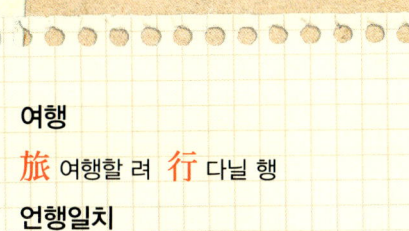

**여행**
旅 여행할 려  行 다닐 행
**언행일치**
言 말 언  行 다닐 행
一 하나 일  致 이를 치

**거성**
巨 클 거  星 별 성
**첨성대**
瞻 볼 첨  星 별 성  臺 대 대

### 콕콕! 단어 확인!

 다음 설명의 알맞은 단어에 ○ 해 보세요.

1 태양은 움직이지 않고 항상 그 자리에 있는 (항성, 유성)이다.

2 지구는 태양 주위를 도는 (행성, 항성)이다.

3 달은 지구의 (행성, 위성)이다.

4 태양을 중심으로 이어진 별들의 집단을 (태양계, 우주계)라고 한다.

# 부록

단어 속뜻과 정답     180
과목별 찾아보기     190
가나다 찾아보기     193

## 시의 가락, 운율  15쪽

**한자, 꼬리에 꼬리를 물고**

- **운문** 일정한 운자[韻]를 달아 시의 형식으로 지은 글[文]
- **운치** 고상하고 우아한[韻] 취향[致]
- **법률** 나라에서 정한 모든 법[法律]
- **규율** 질서나 제도를 유지하기 위하여 정하여 놓은 법[規律]

**콕! 콕! 단어 확인!**

1. 운율        2. 외형률
3. 인상적      4. 비유적

## 그 시절에 부르는 노래, 시조  19쪽

**한자, 꼬리에 꼬리를 물고**

- **시각** 24시간[時] 중 어느 한 시점[刻]
- **시간** 어떤 시각[時]부터 어떤 시각[時]까지의 사이[間]
- **조정** 분쟁을 화해시켜[調] 그치게[停] 함
- **조율** 악기의 소리를 조정하여[調] 표준음[律]에 맞춤

**콕! 콕! 단어 확인!**

1. 시조        2. 초장, 중장, 종장

## 길게 쓴 소설, 장편 소설  23쪽

**한자, 꼬리에 꼬리를 물고**

- **배신** 믿음[信]을 등지는[背] 것
- **흉배** 관복의 가슴[胸]과 등[背]에 학이나 범을 수놓아 지위를 알리는 휘장
- **경치** 산이나 들, 강, 바다 같은 자연의 모습[景致]
- **설경** 눈[雪]이 내린 경치[景]

**콕! 콕! 단어 확인!**

1. 사건        2. 중심, 주변
3. 배경

## 말의 무리, 어휘  27쪽

**한자, 꼬리에 꼬리를 물고**

- **의견** 어떤 대상이나 일에 대한 자신의 뜻[意]과 생각[見]
- **주의** 한 곳에 관심[意]을 쏟는[注] 것
- **미각** 맛[味]을 느껴[覺] 아는 감각
- **조미료** 음식의 맛[味]을 고르게[調] 맞추는 데 쓰는 재료[料]

**콕! 콕! 단어 확인!**

1. 사전적      2. 문맥적
3. 반언어적

### 말의 차례, 어순　31쪽

**한자, 꼬리에 꼬리를 물고**

- **어원** 어떤 말[語]이 생겨난 역사적 근원[源]
- **경어** 어른들을 공경하는[敬] 말[語]
- **순서** 일이 이루어지는 차례[順序]
- **필순** 글씨를 쓸 때 붓[筆]으로 획을 긋는 순서[順]

**콕! 콕! 단어 확인!**

 1. 어순　　2. 주어
　주어, 목적어, 서술어

### 생각이 통해요, 의사소통　35쪽

**한자, 꼬리에 꼬리를 물고**

- **소원** 사람들과 사이가 두텁지 않고 멀어서[疏遠] 서먹서먹함
- **소외감** 다른 사람과 멀어져[疏] 홀로 바깥[外]에 있는 느낌[感]
- **공통** 서로[共] 같은 점으로 통하는[通] 것
- **통신** 소식[信]을 전함[通]

**콕! 콕! 단어 확인!**

 1. 의사소통　　2. 대상
　3. 매체

### 원인과 결과, 인과　39쪽

**한자, 꼬리에 꼬리를 물고**

- **연락** 어떤 사실을 다른 사람에게 연이어[聯絡] 알려주는 것
- **연상** 어떤 생각과 관련 있는 다른 생각[想]이 이어서[聯] 떠오름
- **관절** 뼈와 뼈가 서로 맞닿아[關] 연결된 마디[節]
- **상관** 서로[相] 관계[關]를 맺거나 또는 그런 관계

**콕! 콕! 단어 확인!**

 1. 인과　　2. 과정
　3. 분석

### 해결점을 찾아요, 토론과 토의　43쪽

**한자, 꼬리에 꼬리를 물고**

- **설명** 어떤 대상에 대해 자세히 밝혀[明] 말함[說]
- **논설** 어떤 주제에 관하여 자기의 의견을 조리 있게 설명[論說]함
- **득점** 경기에서 점수[點]를 얻음[得]
- **득표** 투표에서 표[票]를 얻음[得]

**콕! 콕! 단어 확인!**

 1. 토론, 토의　　2. 주장
　3. 반론

### 사실을 기록한 글, 기사문　47쪽

**한자, 꼬리에 꼬리를 물고**

**자금** 어떤 일을 할 때 밑바탕[資]이 되는 돈[金]

**자원** 광물, 산림, 수산물과 같이 인간 생활이나 경제 생산에서 밑바탕[資]이 되는 원료[源]

**재료** 물건을 만드는 데 들어가는 원료[材料]

**통행료** 일정한 장소를 지날[通行] 때 내는 돈[料]

**콕! 콕! 단어 확인!**

 1. 기사문　　2. 자료
　3. 언제, 무엇을, 왜

### 일생을 기록한 글, 전기문　51쪽

**한자, 꼬리에 꼬리를 물고**

**성묘** 명절에 조상의 산소[墓]를 찾아가 돌보는[省] 일

**반성** 자신의 말과 행동에 잘못이 없는지 돌이켜[反] 살핌[省]

**경찰관** 우리 주위에서 위험한 일이 없는지 경계하여[警] 살피는[察] 공무원[官]

**관찰** 사물이나 현상을 주의하여 자세히 바라보고[觀] 살펴봄[察]

**콕! 콕! 단어 확인!**

 1. 전기문　　2. 평전
　3. 회고록

### 묶어 주는 수, 약수　57쪽

**한자, 꼬리에 꼬리를 물고**

**약속** 다른 사람과 앞으로의 일을 어떻게 할 것인가를 미리 정함[約束]

**공약** 어떤 일에 대하여 공식적[公]으로 한 약속[約]

**배율** 거울, 렌즈, 망원경, 현미경으로 물체를 볼 때 물체와 상과의 크기[倍]의 비율[率]

**백배** 백[百] 곱절[倍]

**콕! 콕! 단어 확인!**

 1. 짝수, 홀수　　2. 약수
　3. 배수

### 공통되는 약수, 공약수　61쪽

**한자, 꼬리에 꼬리를 물고**

**최고봉** 가장[最] 높은[高] 봉우리[峰]

**최남단** 가장[最] 남쪽[南] 끝[端]

**무한대** 한정[限] 없이[無] 큼[大]

**대가족** 식구 수가 많은[大] 가족[家族]

**콕! 콕! 단어 확인!**

 1. 공약수　　2. 최소 공배수
　최대 공약수 12,　최소 공배수 36

### 진짜 분수, 진분수 — 65쪽

**한자, 꼬리에 꼬리를 물고**

- **단도직입** 혼자서[單] 칼[刀] 한 자루를 들고 적진으로 곧장[直] 쳐들어감[入]
- **간단** 단순[單]하고 간략함[簡]
- **위치** 일정한 곳에 자리[位]를 차지[置]함
- **방위** 동서남북을 기준으로 방향[方]을 정한 위치[位]

**콕! 콕! 단어 확인!**

- 가분수, 진분수, 대분수

### 분모가 서로 같아요, 통분 — 69쪽

**한자, 꼬리에 꼬리를 물고**

- **분리** 나누어[分] 떨어지게[離] 함
- **시대 구분** 역사를 보는 관점에 따라 시대[時代]를 나눔[區分]
- **모국어** 자기 나라[母國]의 말[語]
- **모성애** 자식에 대한 어머니[母]의 본능적[性]인 사랑[愛]

**콕! 콕! 단어 확인!**

- 약분, 기약 분수
- 통분

### 합치니까 똑같아, 합동 — 73쪽

**한자, 꼬리에 꼬리를 물고**

- **반대** 어떤 의견에 찬성하지 않고 맞서[對] 거스름[反]
- **대답** 상대가 묻는 말에 대하여[對] 답하는[答] 말
- **응시** 시험[試]에 응함[應]
- **응접실** 손님을 맞아들여[應] 대접하기[接] 위해 꾸며 놓은 방[室]

**콕! 콕! 단어 확인!**

1. 도형    2. 합동
3. 대응변, 대응각

### 직사각형이 모이면? 직육면체 — 77쪽

**한자, 꼬리에 꼬리를 물고**

- **정정당당** 태도가 올바르고[正正] 떳떳함[堂堂]
- **공정** 공평하고[公] 올바름[正]
- **직각** 두 직선[直]이 만나 이루는 90도의 각[角]
- **직진** 앞으로 곧게[直] 나아감[進]

**콕! 콕! 단어 확인!**

1. 다면체    2. 사면체, 오면체
3. 직, 정

### 열어 펼쳐봐, 전개도　81쪽

**한자, 꼬리에 꼬리를 물고**

- **평야** 평평하고[平] 너른 들[野]
- **공평** 어느 쪽으로도 치우치지 않고[公] 고름[平]
- **산행** 산길[山]을 걸어감[行]
- **행사** 어떤 일[事]을 시행함[行]

**콕! 콕! 단어 확인!**
 겨냥, 전개
 1. 수직　　　2. 평행

### 마주 보며 서로 걸맞은 대칭　85쪽

**한자, 꼬리에 꼬리를 물고**

- **만점** 정해진 점수[點]를 꽉 채운[滿] 점수
- **허점** 비거나[虛] 허술한 부분[點]
- **무선** 전선[線] 없이[無] 전파로 연결함
- **광선** 빛[光]의 줄기[線]

**콕! 콕! 단어 확인!**
 1. 대칭　　　2. 대칭축
 점대칭 도형, 선대칭 도형

### 선인들이 남긴 발자취, 유적　91쪽

**한자, 꼬리에 꼬리를 물고**

- **선견지명** 미리[先] 앞을 내다보고[見] 아는[之] 지혜[明]
- **선입견** 이미[先] 마음속에 품은[入] 생각[見]
- **사료** 역사[史] 연구에 필요한 문헌이나 유물과 같은 자료[料]
- **국사** 한 나라[國]의 역사[史]

**콕! 콕! 단어 확인!**
 1. 선사　　　2. 유물, 유적
　　3. 신석기, 청동기

### 옛 조선, 고조선　95쪽

**한자, 꼬리에 꼬리를 물고**

- **군사부일체** 임금[君]과 스승[師]과 아버지[父]의 은혜가 같음[一體]
- **군주** 나라를 다스리는 임금[君主]
- **왕궁** 임금[王]이 사는 궁궐[宮]
- **대왕** 뛰어난[大] 임금[王]을 높여 부르는 말

**콕! 콕! 단어 확인!**
 1. 제정일치　　　2. 홍익인간
　　3. 기원전, 기원후

## 나라를 세우자, 건국  99쪽

### 한자, 꼬리에 꼬리를 물고

**전신** 온[全]몸[身]
**안전** 편안하여[安] 위험이 생기거나 사고가 날 염려가 없이 온전함[全]
**흥망성쇠** 흥[興]하고 망[亡]함과 성[盛]하고 쇠[衰]함
**성수기** 상품이 한창[盛] 쓰이는[需] 시기[期]

### 콕! 콕! 단어 확인!

1. 건국  2. 삼국
3. 전성기  4. 천도

## 골과 두품으로 나눈 골품 제도  103쪽

### 한자, 꼬리에 꼬리를 물고

**입신양명** 출세[立身]하여 세상에 이름[名]을 떨침[揚]
**신장** 사람의 몸[身]의 길이[長]
**분업** 일[業]을 나누어[分] 함
**분단** 동강을 내 끊어[斷] 가름[分]

### 콕! 콕! 단어 확인!

골품
1. ✕  2. ○  3. ✕

## 남겨진 백성, 유민  107쪽

### 한자, 꼬리에 꼬리를 물고

**해군** 한 나라의 바다[海]를 지키는 군대[軍]
**영해** 한 나라가 다스리는[領] 바다[海]
**동대문** 서울의 동쪽[東]에 있는 큰[大] 정문[門]
**동양** 송나라 때 중국인이 남해를 기준으로 광저우와 수마트라 동부를 연결하는 동쪽[東] 바다[洋]를 동양이라 함. 현재 유라시아 대륙의 동부 지역

### 콕! 콕! 단어 확인!

1. 유민  2. 부흥
3. 해동성국

## 사이좋게 지내자, 화친  111쪽

### 한자, 꼬리에 꼬리를 물고

**북극** 북쪽[北]의 끝[極]
**북두칠성** 북쪽[北] 하늘에 있는 일곱[七] 개의 별[斗星]
**진학** 상급 학교[學]로 나아감[進]
**전진** 앞[前]으로 나아감[進]

### 콕! 콕! 단어 확인!

1. 화친  2. 북진
3. 호족  4. 과거

### 글 읽는 신하, 문신  115쪽

**한자, 꼬리에 꼬리를 물고**

- **문방사우** 예전의 서재[文房]에 있었던 네[四] 가지 벗[友] = 종이, 붓, 먹, 벼루
- **기행문** 여행[行]하면서 보고, 듣고, 느낀 것을 적은[紀] 글[文]
- **무기** 전쟁[武]에 쓰이는 도구[器]
- **비무장** 군대나 경찰이 갖추어야 할 무기[武]와 장비[裝]를 갖추지 않음[非]

**콕! 콕! 단어 확인!**

 1. 문신   2. 문벌
3. 무신, 무신 정변   4. 봉기

### 쇠로 만든 활자, 금속 활자  119쪽

**한자, 꼬리에 꼬리를 물고**

- **활화산** 계속 살아서[活] 불[火]을 뿜는 산[山]
- **활동** 활발하게[活] 움직임[動]
- **자막** 화면[幕]에 쓰인 글자[字]
- **자전** 한자[字]를 모아 뜻과 음을 풀이한 책[典]

**콕! 콕! 단어 확인!**

 1. 상감 청자   2. 화포
금속 활자, 고려청자

### 돌아온 군대, 위화도 회군  123쪽

**한자, 꼬리에 꼬리를 물고**

- **급증** 급하게[急] 늘어남[增]
- **급행** 빨리[急] 감[行]
- **추진** 목표를 향해 밀고[推] 나아감[進]
- **선진국** 다른 나라에 비해 문화나 경제가 앞서[先] 나아간[進] 나라[國]

**콕! 콕! 단어 확인!**

 1. 회군   2. 급진파, 온건파
3. 육조

### 조선의 생각, 유교 사상  127쪽

**한자, 꼬리에 꼬리를 물고**

- **심사숙고** 깊이[深] 곰곰이[熟] 잘 생각함[思考]
- **사고력** 생각하고[思] 궁리하는[考] 힘[力]
- **감상문** 어떤 사물이나 현상을 보고 느낌[感]이나 생각한[想] 것을 적은 글[文]
- **회상** 지난 일을 돌이켜[回] 생각함[想]

**콕! 콕! 단어 확인!**

 1. 유교   2. 관혼상제
 임전무퇴

### 두 개의 큰 난리, 양란    **131쪽**

**한자, 꼬리에 꼬리를 물고**

- **북풍** 북쪽[北]에서 불어오는 차가운 바람[風]
- **북반구** 지구[球]를 남과 북, 반[半]으로 나누었을 때 북쪽[北] 부분
- **벌목** 나무[木]를 벰[伐]
- **정벌** 적을 무력으로 침[征伐]

**콕! 콕! 단어 확인!**

 1. 임진왜란, 병자호란  2. 대첩
    3. 북벌

### 빛을 되찾은 날, 광복절    **135쪽**

**한자, 꼬리에 꼬리를 물고**

- **독점** 물건을 홀로[獨] 차지함[占]
- **독자** 형제 없이 혼자[獨] 있는 아들[子]
- **자립심** 남에게 의지하지 않고 자기 스스로[自] 서려는[立] 마음가짐[心]
- **기립** 일어나[起] 섬[立]

**콕! 콕! 단어 확인!**

 1. 신미양요  2. 일제 강점기
    3. 독립운동

### 자세히 살펴보자, 관찰    **141쪽**

**한자, 꼬리에 꼬리를 물고**

- **전망대** 멀리[展] 내다볼[望] 수 있도록 높이 만든 대[臺]
- **희망** 앞일을 기대하고 바람[希望]
- **원근감** 멀고[遠] 가까운[近] 거리에 대한 느낌[感]
- **영원** 어떤 상태가 끝없이[永遠] 이어짐

**콕! 콕! 단어 확인!**

 1. 관찰  2. 현미경
    3. 접안, 재물대

### 실험의 첫 단계, 문제 인식    **145쪽**

**한자, 꼬리에 꼬리를 물고**

- **대통령** 나라를 크게[大] 다스리는[統領] 사람
- **통치** 나라나 지역을 도맡아 다스림[統治]
- **강제** 남의 뜻을 억눌러[制] 원하지 않는 일을 억지로[强] 시킴
- **자제** 스스로[自] 자기의 감정과 욕구를 억누름[制]

**콕! 콕! 단어 확인!**

 1. 문제 인식  2. 변인
 가설 설정, 결론 도출

### 번개 기운, 전기 — 149쪽

**한자, 꼬리에 꼬리를 물고**

- **감전** 몸에 전기[電]가 흘러 충격을 느낌[感]
- **전구** 전류[電]를 통하여 빛을 내는 공[球]
- **기분** 기운[氣]이 상황에 따라 나뉨[分]
- **수증기** 물[水]이 증발[蒸]하여 기체[氣] 상태가 된 것

**콕! 콕! 단어 확인!**

1. 전기  2. 전류, 정전기
3. 전지  4. 건전지

### 전기를 이끄는 물체, 도체 — 153쪽

**한자, 꼬리에 꼬리를 물고**

- **직접** 중간에 다른 것을 거치지 않고 바로[直] 접함[接]
- **정직** 마음이 올바르고[正] 곧음[直]
- **병용** 아울러[竝] 같이 씀[用]
- **병행** 두 가지 일을 한꺼번[竝]에 함[行]

**콕! 콕! 단어 확인!**

쇠못, 금속 재질의 식기

### 빛을 받자, 광합성 작용 — 157쪽

**한자, 꼬리에 꼬리를 물고**

- **의지** 다른 것에 몸을 기대[依] 지탱함[支]
- **지류** 물의 원줄기에서 갈려[支] 흐르는[流] 물줄기
- **지병** 오랫동안 몸에 지녀[持] 잘 낫지 않는 병[病]
- **지구력** 오랫동안[久] 버티며 견디는[持] 힘[力]

**콕! 콕! 단어 확인!**

잎 : 증산 작용, 광합성 작용
뿌리 : 지지 작용, 흡수 작용, 저장 작용

### 아주 작은 생물, 미생물 — 161쪽

**한자, 꼬리에 꼬리를 물고**

- **미소** 소리 없이 작게[微] 웃는 웃음[笑]
- **미물** 작고[微] 보잘것없는 물건[物]
- **세우** 가늘게[細] 내리는 비[雨]. 가랑비
- **상세** 낱낱이 자세함[詳細]

**콕! 콕! 단어 확인!**

1. 서식지  2. 습지
3. 미생물  4. 유기

### 음식물이 사라져요, 소화 — 165쪽

**한자, 꼬리에 꼬리를 물고**

- **감동** 깊이 느껴[感] 마음이 움직임[動]
- **공감** 남의 감정, 의견, 주장 따위에 대하여 자기도 그렇다고 함께[共] 느낌[感]
- **선각자** 남보다 먼저[先] 세상일을 깨달은[覺] 사람[者]
- **발각** 숨기던 것이 드러남[發覺]

**콕! 콕! 단어 확인!**

1. 순환　　2. 배설
3. 감각

### 녹아라! 풀어져라! 용해 — 169쪽

**한자, 꼬리에 꼬리를 물고**

- **결론** 설명하는 말이나 글[論]의 끝맺는[結] 부분
- **결초보은** 풀[草]을 묶어[結] 은혜[恩]를 갚음[報]
- **해독** 독기[毒]를 풀어[解] 없앰
- **오해** 그릇되게[誤] 이해함[解]

**콕! 콕! 단어 확인!**

　　　　　용해
소금 + 물 → 소금물
용질　　용매　　용액

### 물체의 빠르기, 속력 — 173쪽

**한자, 꼬리에 꼬리를 물고**

- **광복절** 빼앗겼던 빛[光]을 회복한[復] 날[節]
- **야광** 어둠[夜] 속에서 빛[光]을 냄
- **고음** 높은[高] 소리[音]
- **음성** 사람의 목소리나 말소리[音聲]

**콕! 콕! 단어 확인!**

1. 속도　　2. 빛, 소리
3. 음속　　4. 마찰

### 우주의 거대한 빛, 태양 — 177쪽

**한자, 꼬리에 꼬리를 물고**

- **여행** 일이나 구경을 목적으로 다른 고장이나 외국을 돌아다니는[旅行] 일
- **언행일치** 말[言]과 행동[行]이 하나로[一] 같음[致]
- **거성** 큰[巨] 별[星]
- **첨성대** 별[星]을 관찰하는[瞻] 대[臺]

**콕! 콕! 단어 확인!**

1. 항성　　2. 행성
3. 위성　　4. 태양계

## 과목별 찾아보기

### 국어

| | |
|---|---|
| 과정 | 37 |
| 기사문 | 44 |
| 기자 | 45 |
| 내재율 | 13 |
| 단어 | 24 |
| 단편 | 20 |
| 대상 | 33 |
| 대화 | 33 |
| 매체 | 34 |
| 목적어 | 29 |
| 묘사 | 38 |
| 문맥적 의미 | 25 |
| 반론 | 42 |
| 반언어적 표현 | 26 |
| 배경 | 22 |
| 분석 | 38 |
| 비언어적 표현 | 26 |
| 비유적 | 14 |
| 사건 | 21 |
| 사전적 의미 | 25 |
| 서술어 | 29 |
| 설득 | 42 |
| 성찰 | 49 |
| 수집 | 45 |
| 시조 | 16 |
| 어순 | 28 |
| 어휘 | 24 |
| 연관성 | 36 |
| 외형률 | 13 |
| 운율 | 12 |
| 육하원칙 | 46 |
| 음보 | 17 |
| 음수 | 18 |
| 의사소통 | 32 |
| 인과 | 37 |
| 인물 | 21 |
| 인상적 | 13 |
| 자료 | 45 |
| 자서전 | 50 |
| 장편 | 20 |
| 전기문 | 48 |
| 종장 | 17 |
| 주변 인물 | 21 |
| 주어 | 29 |
| 주장 | 41 |
| 중심인물 | 21 |
| 중장 | 17 |
| 중편 | 20 |
| 초장 | 17 |
| 토론 | 40 |
| 토의 | 41 |
| 평전 | 50 |
| 회고록 | 50 |

### 수학

| | |
|---|---|
| 가분수 | 63 |
| 공배수 | 59 |
| 공약수 | 58 |
| 공통분모 | 68 |
| 기약 분수 | 67 |
| 다면체 | 74 |
| 단위 | 64 |
| 단위 분수 | 64 |
| 대분수 | 63 |
| 대응 | 71 |
| 대응각 | 72 |
| 대응변 | 72 |
| 대응점 | 72 |
| 대칭 | 82 |
| 대칭축 | 83 |
| 도형 | 70 |
| 면 | 78 |
| 배수 | 56 |
| 선대칭 도형 | 84 |
| 수직 | 79 |

190 부록

| | | |
|---|---|---|
| 약분 · · · · · · 66 | 광복절 · · · · · · 134 | 신미양요 · · · · · · 132 |
| 약수 · · · · · · 56 | 구석기 · · · · · · 90 | 신분 · · · · · · 100 |
| 전개도 · · · · · · 80 | 금속 활자 · · · · · · 117 | 신석기 · · · · · · 90 |
| 점대칭 도형 · · · · · · 84 | 급진파 · · · · · · 121 | 양란 · · · · · · 128 |
| 정육면체 · · · · · · 76 | 기원 · · · · · · 94 | 영토 · · · · · · 96 |
| 직육면체 · · · · · · 75 | 남국 · · · · · · 106 | 오륜 · · · · · · 125 |
| 진분수 · · · · · · 62 | 단기 · · · · · · 94 | 온건파 · · · · · · 121 |
| 짝수 · · · · · · 54 | 대첩 · · · · · · 129 | 요동 정벌 · · · · · · 120 |
| 최대 공약수 · · · · · · 59 | 독립운동 · · · · · · 134 | 위화도 회군 · · · · · · 121 |
| 최소 공배수 · · · · · · 60 | 무신 · · · · · · 112 | 유교 · · · · · · 124 |
| 통분 · · · · · · 67 | 무신 정변 · · · · · · 114 | 유교 사상 · · · · · · 124 |
| 평행 · · · · · · 79 | 문벌 · · · · · · 113 | 유물 · · · · · · 89 |
| 합동 · · · · · · 71 | 문신 · · · · · · 112 | 유민 · · · · · · 104 |
| 혼분수 · · · · · · 63 | 민족 융합 정책 · · · · · · 109 | 유적 · · · · · · 89 |
| 홀수 · · · · · · 55 | 병인양요 · · · · · · 132 | 육조 · · · · · · 122 |
| | 병자호란 · · · · · · 130 | 인쇄술 · · · · · · 116 |
| **사회** | 봉기 · · · · · · 114 | 일제 강점기 · · · · · · 133 |
| | 부흥 운동 · · · · · · 104 | 임진왜란 · · · · · · 129 |
| 개화파 · · · · · · 133 | 북국 · · · · · · 106 | 전란 · · · · · · 128 |
| 건국 · · · · · · 96 | 북벌 정책 · · · · · · 130 | 전성기 · · · · · · 97 |
| 계승 · · · · · · 105 | 북진 정책 · · · · · · 109 | 정유재란 · · · · · · 129 |
| 고려청자 · · · · · · 117 | 삼강 · · · · · · 125 | 제정일치 · · · · · · 93 |
| 고조선 · · · · · · 92 | 삼국 · · · · · · 96 | 지배 계급 · · · · · · 102 |
| 골품 제도 · · · · · · 101 | 상감 청자 · · · · · · 117 | 척사파 · · · · · · 133 |
| 과거 · · · · · · 110 | 선사 시대 · · · · · · 88 | 천도 · · · · · · 98 |
| 관혼상제 · · · · · · 126 | 숭유억불 · · · · · · 124 | 청동기 · · · · · · 90 |

| | | |
|---|---|---|
| 친명파·············120 | 반사경·············140 | 전기 회로도·········152 |
| 친원파·············120 | 배설···············164 | 전류···············147 |
| 피지배 계급·········102 | 변인···············143 | 전선···············147 |
| 해동성국···········106 | 변인 통제···········143 | 전지···············148 |
| 향약구급방·········118 | 병렬연결···········152 | 접안렌즈···········140 |
| 호족···············110 | 부도체·············151 | 정전기·············147 |
| 홍익인간············94 | 서식지·············158 | 증산 작용··········156 |
| 화친···············108 | 세균···············160 | 지지 작용··········155 |
| 화포···············118 | 소화···············162 | 직렬연결···········152 |

### 과학

| | | |
|---|---|---|
| | 속도···············171 | 충전지·············148 |
| | 속력···············171 | 태양···············174 |
| 가설 설정··········143 | 순환···············163 | 태양계·············176 |
| 감각···············164 | 습지···············159 | 항성···············174 |
| 건전지·············148 | 용매···············167 | 행성···············175 |
| 결론 도출··········144 | 용액···············168 | 현미경·············139 |
| 결정···············168 | 용질···············167 | 호흡···············163 |
| 관찰···············138 | 용해···············167 | 흡수 작용··········155 |
| 광속···············172 | 운동···············170 | |
| 광합성 작용········156 | 위성···············175 | |
| 대물렌즈···········140 | 유기 농법··········160 | |
| 도체···············150 | 음속···············172 | |
| 마찰···············172 | 자료 해석··········144 | |
| 망원경·············139 | 재물대·············140 | |
| 문제 인식··········142 | 저장 작용··········155 | |
| 미생물·············159 | 전기···············146 | |
| | 전기 회로··········151 | |

192 부록

## 가나다 찾아보기

### 가

| | |
|---|---|
| 가분수 | 63 |
| 가설 설정 | 143 |
| 간단 | 65 |
| 감각 | 164 |
| 감동 | 165 |
| 감상문 | 127 |
| 감전 | 149 |
| 강제 | 145 |
| 개화파 | 133 |
| 거성 | 177 |
| 건국 | 96 |
| 건전지 | 148 |
| 결론 | 169 |
| 결론 도출 | 144 |
| 결정 | 168 |
| 결초보은 | 169 |
| 경어 | 31 |
| 경찰관 | 51 |
| 경치 | 23 |
| 계승 | 105 |
| 고려청자 | 117 |
| 고음 | 173 |
| 고조선 | 92 |
| 골품 제도 | 101 |
| 공감 | 165 |
| 공배수 | 59 |
| 공약 | 57 |
| 공약수 | 58 |
| 공정 | 77 |
| 공통 | 35 |
| 공통분모 | 68 |
| 공평 | 81 |
| 과거 | 110 |
| 과정 | 37 |
| 관절 | 39 |
| 관찰 | 51, 138 |
| 관혼상제 | 126 |
| 광복절 | 134, 173 |
| 광선 | 85 |
| 광속 | 172 |
| 광합성 작용 | 156 |
| 구석기 | 90 |
| 국사 | 91 |
| 군사부일체 | 95 |
| 군주 | 95 |
| 규율 | 15 |
| 금속 활자 | 117 |
| 급증 | 123 |
| 급진파 | 121 |
| 급행 | 123 |
| 기립 | 135 |
| 기분 | 149 |
| 기사문 | 44 |
| 기약 분수 | 67 |
| 기원 | 94 |
| 기자 | 45 |
| 기행문 | 115 |

### 나

| | |
|---|---|
| 남국 | 106 |
| 내재율 | 13 |
| 논설 | 43 |

### 다

| | |
|---|---|
| 다면체 | 74 |
| 단기 | 94 |
| 단도직입 | 65 |
| 단어 | 24 |
| 단위 | 64 |
| 단위 분수 | 64 |
| 단편 | 20 |
| 대가족 | 61 |
| 대답 | 73 |
| 대물렌즈 | 140 |

| | | |
|---|---|---|
| 대분수 …… 63 | 망원경 …… 139 | 반론 …… 42 |
| 대상 …… 33 | 매체 …… 34 | 반사경 …… 140 |
| 대왕 …… 95 | 면 …… 78 | 반성 …… 51 |
| 대응 …… 71 | 모국어 …… 69 | 반언어적 표현 …… 26 |
| 대응각 …… 72 | 모성애 …… 69 | 발각 …… 165 |
| 대응변 …… 72 | 목적어 …… 29 | 방위 …… 65 |
| 대응점 …… 72 | 묘사 …… 38 | 배경 …… 22 |
| 대첩 …… 129 | 무기 …… 115 | 배설 …… 164 |
| 대칭 …… 82 | 무선 …… 85 | 배수 …… 56 |
| 대칭축 …… 83 | 무신 …… 112 | 배신 …… 23 |
| 대통령 …… 145 | 무신 정변 …… 114 | 배율 …… 57 |
| 대화 …… 33 | 무한대 …… 61 | 백배 …… 57 |
| 도체 …… 150 | 문맥적 의미 …… 25 | 벌목 …… 131 |
| 도형 …… 70 | 문방사우 …… 115 | 법률 …… 15 |
| 독립운동 …… 134 | 문벌 …… 113 | 변인 …… 143 |
| 독자 …… 135 | 문신 …… 112 | 변인 통제 …… 143 |
| 독점 …… 135 | 문제 인식 …… 142 | 병렬연결 …… 152 |
| 동대문 …… 107 | 미각 …… 27 | 병용 …… 153 |
| 동양 …… 107 | 미물 …… 161 | 병인양요 …… 132 |
| 득점 …… 43 | 미생물 …… 159 | 병자호란 …… 130 |
| 득표 …… 43 | 미소 …… 161 | 병행 …… 153 |
| | 민족 융합 정책 …… 109 | 봉기 …… 114 |
| | | 부도체 …… 151 |
| ……마…… | | 부흥 운동 …… 104 |
| | ……바…… | 북국 …… 106 |
| 마찰 …… 172 | | 북극 …… 111 |
| 만점 …… 85 | 반대 …… 73 | |

| | | |
|---|---|---|
| 북두칠성 …… 111 | 서식지 …… 158 | 습지 …… 159 |
| 북반구 …… 131 | 선각자 …… 165 | 시각 …… 19 |
| 북벌 정책 …… 130 | 선견지명 …… 91 | 시간 …… 19 |
| 북진 정책 …… 109 | 선대칭 도형 …… 84 | 시대 구분 …… 69 |
| 북풍 …… 131 | 선사 시대 …… 88 | 시조 …… 16 |
| 분단 …… 103 | 선입견 …… 91 | 신미양요 …… 132 |
| 분리 …… 69 | 선진국 …… 123 | 신분 …… 100 |
| 분석 …… 38 | 설경 …… 23 | 신석기 …… 90 |
| 분업 …… 103 | 설득 …… 42 | 신장 …… 103 |
| 비무장 …… 115 | 설명 …… 43 | 심사숙고 …… 127 |
| 비언어적 표현 …… 26 | 성묘 …… 51 | |
| 비유적 …… 14 | 성수기 …… 99 | |
| | 성찰 …… 49 | ……… 아 ……… |
| ……… 사 ……… | 세균 …… 160 | 안전 …… 99 |
| | 세우 …… 161 | 야광 …… 173 |
| 사건 …… 21 | 소외감 …… 35 | 약분 …… 66 |
| 사고력 …… 127 | 소원 …… 35 | 약속 …… 57 |
| 사료 …… 91 | 소화 …… 162 | 약수 …… 56 |
| 사전적 의미 …… 25 | 속도 …… 171 | 양란 …… 128 |
| 산행 …… 81 | 속력 …… 171 | 어순 …… 28 |
| 삼강 …… 125 | 수증기 …… 149 | 어원 …… 31 |
| 삼국 …… 96 | 수직 …… 79 | 어휘 …… 24 |
| 상감 청자 …… 117 | 수집 …… 45 | 언행일치 …… 177 |
| 상관 …… 39 | 순서 …… 31 | 여행 …… 177 |
| 상세 …… 161 | 순환 …… 163 | 연관성 …… 36 |
| 서술어 …… 29 | 숭유억불 …… 124 | 연락 …… 39 |

| | | |
|---|---|---|
| 연상 … 39 | 유민 … 104 | 자립심 … 135 |
| 영원 … 141 | 유적 … 89 | 자막 … 119 |
| 영토 … 96 | 육조 … 122 | 자서전 … 50 |
| 영해 … 107 | 육하원칙 … 46 | 자원 … 47 |
| 오륜 … 125 | 음보 … 17 | 자전 … 119 |
| 오해 … 169 | 음성 … 173 | 자제 … 145 |
| 온건파 … 121 | 음속 … 172 | 장편 … 20 |
| 왕궁 … 95 | 음수 … 18 | 재료 … 47 |
| 외형률 … 13 | 응시 … 73 | 재물대 … 140 |
| 요동 정벌 … 120 | 응접실 … 73 | 저장 작용 … 155 |
| 용매 … 167 | 의견 … 27 | 전개도 … 80 |
| 용액 … 168 | 의사소통 … 32 | 전구 … 149 |
| 용질 … 167 | 의지 … 157 | 전기 … 146 |
| 용해 … 167 | 인과 … 37 | 전기 회로 … 151 |
| 운동 … 170 | 인물 … 21 | 전기 회로도 … 152 |
| 운문 … 15 | 인상적 … 13 | 전기문 … 48 |
| 운율 … 12 | 인쇄술 … 116 | 전란 … 128 |
| 운치 … 15 | 일제 강점기 … 133 | 전류 … 147 |
| 원근감 … 141 | 임진왜란 … 129 | 전망대 … 141 |
| 위성 … 175 | 입신양명 … 103 | 전선 … 147 |
| 위치 … 65 | | 전성기 … 97 |
| 위화도 회군 … 121 | ……… 자 ……… | 전신 … 99 |
| 유교 … 124 | | 전지 … 148 |
| 유교 사상 … 124 | 자금 … 47 | 전진 … 111 |
| 유기 농법 … 160 | 자료 … 45 | 점대칭 도형 … 84 |
| 유물 … 89 | 자료 해석 … 144 | 접안렌즈 … 140 |

| | | |
|---|---|---|
| 정벌 … 131 | 직육면체 … 75 | 태양계 … 176 |
| 정유재란 … 129 | 직접 … 153 | 토론 … 40 |
| 정육면체 … 76 | 직진 … 77 | 토의 … 41 |
| 정전기 … 147 | 진분수 … 62 | 통분 … 67 |
| 정정당당 … 77 | 진학 … 111 | 통신 … 35 |
| 정직 … 153 | 짝수 … 54 | 통치 … 145 |
| 제정일치 … 93 | | 통행료 … 47 |
| 조미료 … 27 | ⋯⋯⋯차⋯⋯⋯ | |
| 조율 … 19 | | ⋯⋯⋯파⋯⋯⋯ |
| 조정 … 19 | 척사파 … 133 | |
| 종장 … 17 | 천도 … 98 | 평야 … 81 |
| 주변 인물 … 21 | 첨성대 … 177 | 평전 … 50 |
| 주어 … 29 | 청동기 … 90 | 평행 … 79 |
| 주의 … 27 | 초장 … 17 | 피지배 계급 … 102 |
| 주장 … 41 | 최고봉 … 61 | 필순 … 31 |
| 중심인물 … 21 | 최남단 … 61 | |
| 중장 … 17 | 최대 공약수 … 59 | ⋯⋯⋯하⋯⋯⋯ |
| 중편 … 20 | 최소 공배수 … 60 | |
| 증산 작용 … 156 | 추진 … 123 | 합동 … 71 |
| 지구력 … 157 | 충전지 … 148 | 항성 … 174 |
| 지류 … 157 | 친명파 … 120 | 해군 … 107 |
| 지배 계급 … 102 | 친원파 … 120 | 해독 … 169 |
| 지병 … 157 | | 해동성국 … 106 |
| 지지 작용 … 155 | ⋯⋯⋯타⋯⋯⋯ | 행사 … 81 |
| 직각 … 77 | | 행성 … 175 |
| 직렬연결 … 152 | 태양 … 174 | 향약구급방 … 118 |

허점 · · · · · · · · · · · · · · 85
현미경 · · · · · · · · · · · · · 139
호족 · · · · · · · · · · · · · · 110
호흡 · · · · · · · · · · · · · · 163
혼분수 · · · · · · · · · · · · · 63
홀수 · · · · · · · · · · · · · · 55
홍익인간 · · · · · · · · · · · · 94
화친 · · · · · · · · · · · · · · 108
화포 · · · · · · · · · · · · · · 118
활동 · · · · · · · · · · · · · · 119
활화산 · · · · · · · · · · · · · 119
회고록 · · · · · · · · · · · · · 50
회상 · · · · · · · · · · · · · · 127
흉배 · · · · · · · · · · · · · · 23
흡수 작용 · · · · · · · · · · · 155
흥망성쇠 · · · · · · · · · · · · 99
희망 · · · · · · · · · · · · · · 141

memo

## 자료 제공

- p. 12　해 ⓒ박두진
- p. 89　빗살무늬 토기 ⓒ한국학 중앙 연구원
- p. 89　백제 금동 대향로 ⓒ국립 중앙 박물관
- p. 105　연화문수막새 ⓒ국립 중앙 박물관
- p. 117　직지심체요절 ⓒ국립 중앙 박물관
- p. 148　볼타 전지 ⓒ한국 전력 전기 박물관
- p. 159　우포늪 ⓒ우포늪 사이버 생태 공원
- p. 159　우포늪 가시연꽃 ⓒ우포늪 사이버 생태 공원
- p. 159　우포늪 흰뺨검둥오리 ⓒ우포늪 사이버 생태 공원

- 위에 언급하지 않은 모든 사진, 삽화, 내용 자료들의 저작권은 저작자나 본 출판사에 있습니다.
- 저작권자를 찾지 못하여 게재 허락을 받지 못한 사진, 내용 자료에 대해서는 저작권자가 확인되는 대로 게재 허락을 받고 통상의 기준에 따라 사용료를 지급하도록 하겠습니다.